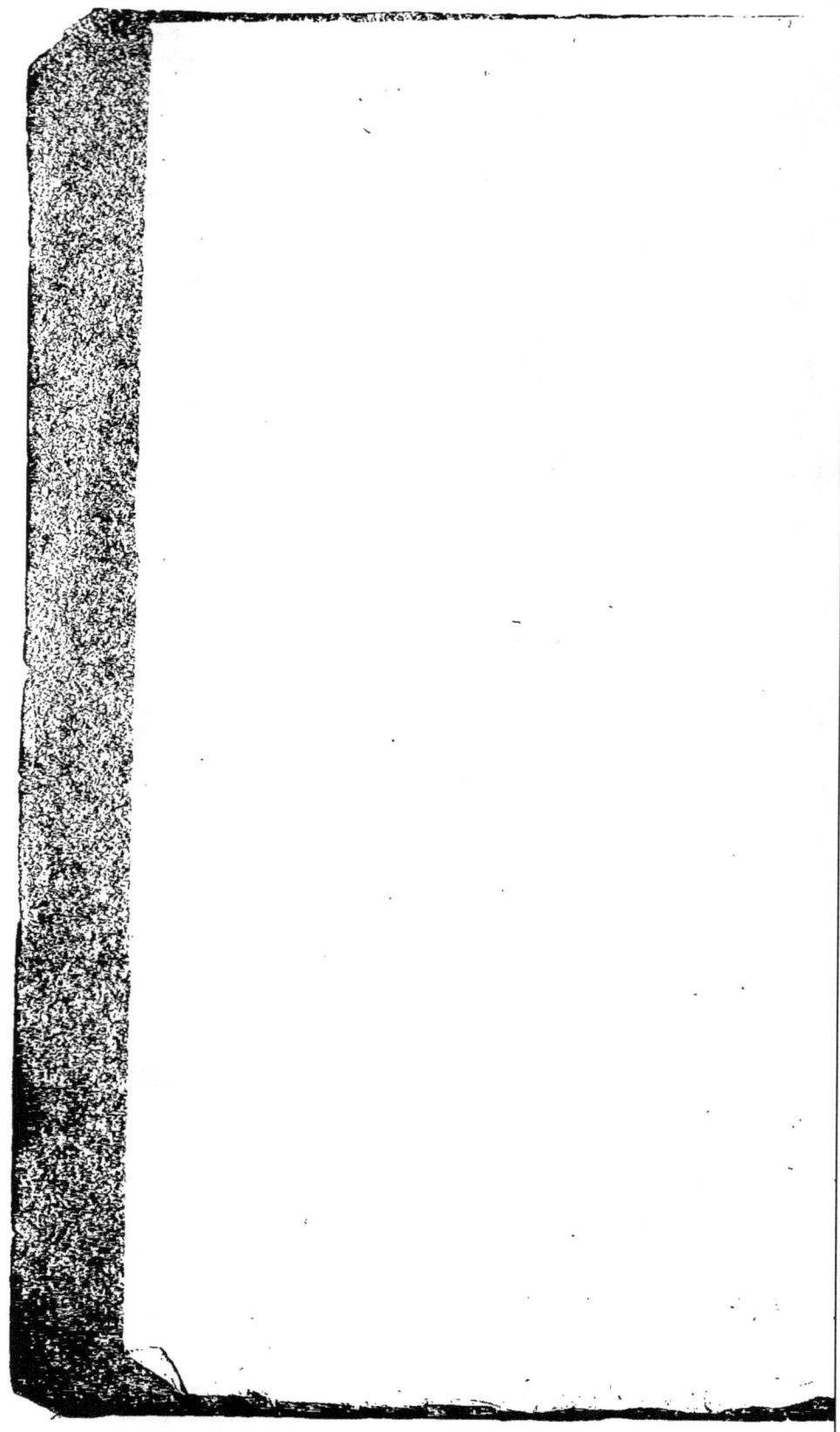

# MANUEL

## DE LA

# COMPOSITION

## LATINE.

## MATIÈRES.

# MANUEL

## DE LA

# COMPOSITION

## LATINE,

OU

## CHOIX DE SUJETS

*entièrement neufs*

EN TOUS GENRES,

VERSIONS, THÈMES, VERS, NARRATIONS, DISCOURS,

Propres à être donnés en devoirs aux Élèves des Collèges
et des Maisons d'Éducation ;

### MATIÈRES,

A L'USAGE DES ÉLÈVES ;

## PAR N. A. DUBOIS,

PROFESSEUR EN L'ACADÉMIE DE PARIS.

## PARIS,

DE L'IMPRIMERIE D'AUGUSTE DELALAIN,

LIBRAIRE-ÉDIT., RUE DES MATHURINS S.-JACQUES, N°. 5.

M DCCC XXXIII.

Toute contrefaçon de cet Ouvrage sera poursuivie conformément aux lois.

Toutes mes Éditions sont revêtues de ma griffe.

# MATIÈRES

## DU MANUEL

# DE LA COMPOSITION

## LATINE.

---

### PREMIÈRE PARTIE.

---

#### I. VERSION.

*Pestilentiæ in duobus exercitibus descriptio.*

AD omnia belli mala accessit et pestilen-
ia, commune malum, quod facile utrorum-
[ue animos averteret a belli consiliis : nam
empore autumni, et locis natura gravibus,
nulto tamen magis extra urbem, quam in
irbe, intoleranda vis æstus per utraque castra
mnium ferme corpora movit. Et primo tem-
ioris ac loci vitio et ægri erant, et moriebau-
ur : postea curatio ipsa et contactus ægro-
um vulgabat morbos; ut aut neglecti deser-
ique, qui incidissent, morerentur, aut as-
identes curantesque eadem vi morbi repletos
cum traherent; quotidianaque funera et
iors ob oculos esset, et undique dies noctes-
ue ploratus audirentur. Postremo ita assue-
idine mali efferaverant animos, ut non modo
crymis justoque comploratu prosequeren-
ur mortuos, sed ne efferrent quidem, aut

sepelirent, jacerentque strata exanima corpora in conspectu similem mortem exspectan-
tium; mortuique ægros, ægri validos, quum
metu, tum tabe ac pestifero odore corporum,
conficerent; et, ut ferro potius morerentur,
quidam invadebant soli hostium stationes.

## II. VERSION.

Cyrus, subacta Asia, et universo Oriente in
potestatem redacto, Scythis bellum infert.
Erat, eo tempore, Scytharum regina Tomyris,
qua non muliebriter adventu hostium territa,
quum prohibere eos transitu Araxis fluminis
posset, transire permisit, et sibi faciliorem
pugnam intra sui regni terminos rata, et hostibus objectu fluminis fugam difficiliorem. Itaque Cyrus, trajectis copiis, quum aliquantis-
per in Scythiam processisset, castra metatus
est. Dein, postera die, simulato metu quasi
refugiens castra deseruisset, ibi plurimum
vini et ea quæ epulis erant necessaria reliquit.
Quod quum reginæ nunciatum esset, adolescen-
tulum filium ad insequendum eum cum tertia
parte copiarum misit. Quum ventum ad Cyri
castra esset, ignarus rei militaris adolescens,
quasi ad epulas, non ad prælium, venisset,
omissis hostibus, insuetos barbaros vino se one-
rare patitur, priusque Scythæ ebrietate quam
bello vincuntur.

## III. VERSION.

Qui sunt futiles et importuni locutores, qui-
que nullo rerum pondere innixi, verbis hu-

midis et lapsantibus defluunt, eorum orationem bene existimatum est in ore nasci, non
in pectore. Lingua autem debet esse non libera
nec vaga ; sed vinculis imo de pectore apertis,.
moveri et quasi gubernari. Sic enim videas
quosdam scatere verbis, sine ullo judicii
negotio, ut loquentes plerumque videantur
loqui sese nescire. Ulyssem contra Homerus
virum sapienti facundia præditum vocem mittere ait, non ex ore, sed a pectore. Petulantiæ
verborum coercendæ vallum dentium esse op-
positum luculentę dixit, ut loquenti temeritas,
non cordis tantum custodia atque vigilia cohi-
beatur, sed et quibusdam excubiis in ore po-
sitis sepiature

---

## IV. VERSION.

Affluentibus in diem copiis, quum jam Spar-
taco justus esset exercitus, e viminibus pecu-
dumque tegumentis inconditos sibi clypeos, e
ferro ergastulorum recocto gladios ac tela milites fecerunt. Ac, ne quod decus justo deesset
exercitui, domitis obviis gregibus, paratur
equitatus, raptaque de prætoribus romanis
victis insignia et fasces ad ducem detulere. Nec
abnuit Spartacus, ille, de stipendiario Thrace,
miles ; de milite, desertor, inde latro, deinde
in honorem virium gladiator. Quin defuncto-
rum quoque ducum prælio funera imperato-
riis celebravit exequiis, captivosque circa rogum jussit armis depugnare, quasi plane ex-
piaturus suum præteritum dedecus, si de
gladiatore munerator fuisset. Inde jam consu-
lares copias quoque aggressus, in Apennino

Lentuli exercitum percecidit ; apud Mutinam, Caii Cassii castra delevit. Quibus elatus victoriis , de invadenda urbe Roma deliberavit.

---

## V. VERSION.

Desinat jam Græcia jactitare Codrum ; desinat Roma Decios suos laudibus extollere ; sunt et sui Galliæ heroes veteribus illis heroibus quum animi magnitudine , tum amore patriæ haudquaquam sane impares.

Caletense oppidum quum jamdiu obsessum teneret Edwardus tertius , Anglorum rex , et ad extremas angustias miseros cives fame redegisset , tandem illi ad deditionem venire coacti sunt. At ira accensus Edwardus quod tam strenue constanterque pro tuenda urbe depugnassent Caletenses , quamlibet conditionem prorsus repellere statuerat , nisi sibi seni ex principibus cives permitterentur. Quod ubi compertum est , metus ac mœror civitatem invasere. Convocata concione , haud satis cuiquam certum erat quid consilii caperetur , cives quinam ad iratum hostem mitterentur. Dum fluctuant ancipites animi , ecce vir quidam , nomine Eustachius a sancto Petro , progressus in medium , primus dare nomen cœpit , exemplo suis præire gestiens. Statim quinque alii addunt se egregio duci et virtutis hortatori Eustachio comites , qui una profecti , inserto per collum fune , nudisque corporibus , claves urbis Edwardo deferunt. At ipsos ferus victor neci statim dari volens , jam carnificem accersiverat , quum regina , miseratione simul et admiratione nobilissimæ devotionis commota, provoluta supplex et lacrymans ad regis conjugis pedes, veniam et ipsis et Caletensibus impetrat.

———

## VI. VERSION.

*Plinius Caminio scripturo versibus græcis bellum dacicum confectum a Trajano.*

Optime facis quod bellum dacicum scribere paras. Nam quæ tam recens, tam copiosa, tam lata, quæ denique tam poetica, et quanquam in verissimis rebus tam fabulosa materia ? Dices immissa terris nova flumina, novos pontes fluminibus injectos, insessa castris montium abrupta, pulsum regia, pulsum etiam vita regem nihil desperantem ; super hæc actos bis triumphos, quorum alter ex invicta natione, alter novissimus fuit. Una, sed maxima difficultas, quod hæc æquare dicendo, arduum immensum etiam tuo ingenio, quamvis altissime insurgat et amplissime operibus increscat. Nonnullus et in illo labor, ut barbara et fera nomina, imprimis regis ipsius, græcis versibus non resultent ; sed nihil est quod non arte curaque, si non potest vinci, mitigetur. Præterea, si datur Homero et mollia vocabula et græca ad lenitatem contrahere versus, extendere, inflectere, cur tibi audacia, præsertim non delicata, sed necessaria, negetur ? Proinde jure vatum invocatis diis, et inter deos, ipso, cujus res, opera, consilia dicturus es, immitte rudentes, pande vela, ac si quando alias toto ingenio vehere. Cur enim non ego poetice quoque cum poeta. Illud jam nunc paciscor, prima quæque, ut absolveris, mittito.

___

### VII. VERSION.

#### *Duo Fontes.*

Fontes eodem monte prognati duo, aliquandiu inter arundineta per vias utrimque haud absimiles, postquam pauperem gementes conquerentesque torserant aquam, forte unus ad lævam exsilit, et pratum aspicit diffusum in immensam magnitudinem, ridentibusque passim amictum floribus; et, « O vale, inquit, frater mi, vale; huc sequor jucunda rerum quo nova hæc species blanda vocat. » Simul abit hinc diversus, et pratum petit, ejusque variam pulchritudinem late percurrere volens, se plures in rivulos dividit; at satiat avidum exhaustus solum, florumque tristes inter delicias perit. Interea eodem, quo receptus est, semel prudentior alter alveo se continens, labitur: hic inter asperas cautes quidem, cursusque paulo difficiliores labitur, parumque gratos; at sui amittit nihil; imo a propinquis collibus decidentem aquarum copiam recipiens, auget suas; mox etiam ad ipsum hinc inde rivi confluunt, fitque amnis ingens, rivus ipse qui fuit.

Non esse eundum qua blanda facilem viam monstret voluptas, hoc exemplo discimus.

___

### VIII. VERSION.

Mos senatoribus Romæ fuit in Curiam cum prætextatis filiis introire. Attamen quum in

senatu·res major quæpiam consultata , eaque
in diem posterum prolata est , placuit ne quis
eam rem prius nunciaret quam decreta esset.
Mater Papirii pueri , qui cum parente suo in
Curia fuerat , percontata est filium quidnam
in senatu patres egissent. Puer respondit ta-
cendum esse , neque id dici licere. Mulier fit
audiendi cupidior ; secretum rei et silentium
pueri animum ejus ad inquirendum everberat.
Quærit igitur compressius violentiusque ; tum
puer, matre urgente, lepidi atque festivi men-
dacii consilium cepit. Actum est in senatu ,
dixit, utrum videretur utilius atque magis e
republica esset unusne duas uxores haberet ,
aut una apud duos nupta esset. Hoc illa ut
audivit, animus expavescit. Domo trepidans
egreditur : ad cæteras matronas pervenit. Pos-
tridie ad senatum convolat matrum familias
caterva. Lacrymantes atque obsecrantes orant ,
una potius ut duobus nupta fieret , quam ut
uni duæ. Senatores ingredientes curiam , quæ
illa mulierum esset intemperies , et quid pos-
tulatio vellet , mirabantur. Puer Papirius
in mediam curiam progressus , quid mater audire institisset , quid ipse matri dixisset , rem ,
sicuti fuerat , denarrat. Senatus fidem atque
ingenium pueri miratus , laudat eum et exos-
culatur. Consultum faciunt uti postea pueri
cum patribus in curiam ne introeant , nisi ille
unus Papirius , atque puero postea cognomen-
tum , honoris gratia , decreto inditum *præ-
textatus*, ob tacendi-loquendique in ætate præ-
textata prudentiam.

---

## IX. VERSION.

Habet secura præteriti periculi recordatio delectationem : qui adversantis fortunæ nulla expertus est incommoda , ille et faventis multo minus sentit bona , quam qui variis gravibus- que defunctus periculis, feliciori tandem con- ditione utitur. Quantam enim vero capit animo voluptatem , qui sævientis furores æquoris sæ- pissime perpessus , crebrisque jactatus procel- lis , quibus viderat salutem prope desperatam , reditum ad penates suum prosperum sibi gra- tulatur ! Quam libenter earum rerum usurpat memoriam quæ casus ipsius præcesserunt , aut subsecutæ sunt ! Tempus, occasio, adjuncta de- nique omnia redeunt in mentem ; quomodo exorta tempestas navim propemodum fluctibus demerserit , domi sedens , videt impavidus ; insanos fluctus circum undique miratur assur- gere , jactatas toto æquore dissolutæ navis re- liquias libens despicit , quia securus ; recursat mortis impendentis imago teterrima ; auribus excipit , non sine suavissimo commiserationis sensu , gemitus morientium , quos frustra me- diis in fluctibus obluctantes vita deserit. Mox promptam ultro fert aliis opem dextramque tuto porrigit quorum in vultu mortis futuræ pallor jam sedet. At refugit tamen lugubre , quod fluctuantia passim cadavera amicorum ex- hibuit spectaculum. Quales tum esse hominis ejusmodi sensus credam , quum se inter pau- cos a turbido mari reducem optatos tenere por- tus gaudet !

## X. VERSION.

Non tantopere mortem fugiendam esse exis-
timabit, si quis secum reputet quam caduca
sit, quam calamitosa vita. Prima pars ævi, quæ
optima putatur, sese nescit; mediam protinùs
negotiorum tumultus curaque excipiunt; ex-
tremam morbi et senectus occupant. Quam ab-
surda eorum ratio qui queruntur naturæ vices
inverti, quod juveni senex superstes sæpe sit,
puerque obeat ante diem! quid appellas ante
diem? Quasi vero non unusquisque vitæ dies
et supremus esse possit; alius inter nutricis
manus, vixdum homo, præfocatur; alius in
ipso statim veris flore, vixdum percepto vitæ
sensu, perit. Hac nimirum lege Deus animam
in hujus corpusculi præsidio constituit, ut quo-
cumque jusserit, protinus inde sit exeundum.

## XI. VERSION.

Ecquod mare turbulentioribus procellis patet quam animus noster? Quænam elementa,
non modo tam surda, sed tam reluctantia inve-
niri possunt, quam sunt affectus nostri, nostræ
cupiditates? Et tamen adsunt, ubi jubet,
animi nostri cum suis affectibus in præpotenti
manu Dei: ut molliter inflectuntur! ut blande
componuntur! ut interdum fortiter debellan-
tur! Nonne melius ille rerum arbiter se dominum probat, quum eos ad nutum, ultro tamen
et libere sequentes regit et temperat, quam
quum res in animas cæcaque corpora impellit
ac movet? Postquam tempus ab æterno ævo

* 1

præfinitum tandem advenit, quum gentes pravis erroribus deditas ad veritatis lucem adducere Deo visum est, quum non solum dispellere superstitionis tenebras, sed impietatis vincula dissolvere voluit, quam facile, quam celeriter utrumque effectum est ! quæ maximo putabantur esse impedimento, ea omnia non evanuerunt modo, sed ad rem citius promovendam sponte concurrerunt. Atque ille potentiæ divinæ triumphus eo mirandus magis, quod victi qui sunt, ipsi dent ultro manus, serviantque liberi.

## XII. VERSION.

Quo die Caius Cæsar et Lucius Pompeius civile bellum, signis collatis, in Thessalia confecerunt, res accidit Patavii in transpadana Italia, memoratu digna. Cornelius quidam sacerdos, et loco nobilis et sacerdotii religionibus venerandus, et castitate vitæ sanctus, repente divina motus mente, conspicere se procul dixit pugnam acerrimam pugnari, ac deinde alios cedere, alios urgere. Cædem, fugam, tela volantia, instaurationem pugnæ, impressionem, gemitus, vulnera, perinde ac si in prælio ipse versaretur, coram videre sese vociferatus est, ac postea subito exclamavit, Cæsarem vicisse. At Cornelii sacerdotis hariolatio levis tum quidem visa est et vecors ; magnæ mox admirationi fuit, quòd non modo pugnæ dies, quæ in Thessalia pugnata est, atque prælii exitus, qui erat prædictus, idem fuit, sed omnes quoque pugnandi reciprocæ vices, et ipsa exercituum duorum conflictatio, vaticinantis motu atque verbis repræsentata est.

## XIII. VERSION.

Lúcius Seneca magnum constantiæ et forti-
tudinis documentum , re magis quam præceptis , dedit , quum centurione , tyranni jussu ,
necessitatem denunciante ultimam , nulla pa-
voris signa , nil triste in verbis ejus aut vultu
deprehensum est. Ille contra interritus poscit
testamenti tabulas , ac , denegante centurione ,
conversus ad amicos : « quando meritis eorum
referre gratiam prohiberetur, quod unum jam
et pulcherrimum haberet , imaginem vitæ suæ ,
se relinquere » testatur ; simul lacrymas eorum
coercet sermone , eosque ad firmitudinem re-
vocat, rogitans « ubi præcepta sapientiæ, ubi tot
per annos meditata ratio adversum imminen-
tia ? Cui enim ignaram fuisse sævitiam Neronis ?
Neque aliud superesse post matrem , fratrem-
que interfectos , quam ut præceptoris necem
adjiceret. » Ubi hæc atque talia velut in commune disseruit , complectitur uxorem , rogat
oratque « temperaret dolori, ne æternum susci-
peret , sed in contemplatione vitæ per virtutem
actæ desiderium mariti solatiis honestis leni-
ret. » Sic ille exemplum præceptis addidit ;
nec impar vitæ mors fuit.

## XIV. VERSION.

*Aquila et Noctuæ.*

Contra potentem nihil juvant fallaciæ , et ad
perniciem plerumque auctores trahunt.
Olim , dum solis fugere conantur jubar , se-

cretam in silvam se condiderant noctuæ , pro-
cax , obscœnum, lucis impatiens genus. Huc
ubi turma confluxit frequens (ut est in tenebris
improbitas audacior ), avibus extemplo miseris exitium parant, et fœdere icto quacumque
obstiterint sibi , se per fas et nefas esse perdi-
turos conjurant. Nec dicta res moratur. In-
structo agmine per amica noctis exeunt silentia , nec suspicantes et sopore languidas spar-
sasque temere silvis volucres opprimunt. Ut se
viderunt alites dolis peti , coeunt , et viribus
multo impares , consertis tentant vocibus la-
cessere , fremituque crebro territare hostem
procul. Sed futiles jactant minas ; astuta namque notas ad latebras cohors per cæca com-
pendia raptim devolat , rursusque erumpit
noctis ad crepusculum , et stragem in silvis
alituum immanem ciet. Sic demum invaluit
pavor et consternatio , ut noctu aut interdiu
somnum capere nequirent aves ; nam timidum
spernens gregem , ut est ignavis insolens victoria , se luce media victrix extulerat cohors ,
totoque volucres æthere dispersas necat. Mo-
rientum gemitus e vicina parte audiens olim in
bello laudis non immemor aquila , et præsidium
affert, et spondet se vindicem. Afflictis animus
rediit sub tanto duce , quasque effugere triumphus erat , ultro jam provocant aves et plerumque incautas , ut prospera fortuna facit ,
noctuas invadunt. Quas cernens aquila : « disce,
inquit , improbum genus , quam prompta sequatur scelus ultio et quid prosint insidiæ , si
virtus deest. » Dixerat aquila, et alas simul im-
mensas explicans, prono labitur impetu ex æ-
there , et in prædam ruit ; hos rostro petit ,

illos discerpit unguibus ; statim trepidi bubo-
nes se subducere Jovis armigero, frustra :
namque fulmine pernicior, corripere cœpit
singulos ; volant undique avulsæ pennæ, et
sanguis fluit undique. Hanc autem stragem
cernens cornix vicina ex ilice : « quam me-
ruistis, noctuæ, exclamavit, pœnam luistis;
simili pereat modo virtutis laudem qui dolis
intercipit. »

---

## XV. VERSION.

Post cruentam Caii Cæsaris necem, Marcus
Antonius, ejus ultor ac vindex, rerum potitus, quum omnia miscuit in republica, furorem suum exstinxit luxu et libidine. Quippe
quum exosus arma, in otio ageret, captus
amore Cleopatræ, quasi bene gestis rebus, in
regio sinu se reficiebat. Mulier ægyptia ab ebrio
imperatore, pretium libidinum, romanum imperium petiit, et promisit Antonius. Igitur
dominationem parare, non tacite ; sed, patriæ, nominis, togæ, fascium oblitus, totus in
illud nefas, ut mente, ita animo ferebatur,
quoque et cultu. Aureum in manu baculum,
ad latus acinaces, purpurea vestis ingentibus
obstricta gemmis, diadema aderat, ut cum regina rex ipse viveret. Ad primam novorum
motuum famam, Cæsar a Brundisio trajecerat,
ut irruenti bello occurreret. Quadringentæ illi et
amplius naves, ducentæ non minus hostium, sed
numerum magnitudo pensabat ; quippe novenis
remorum ordinibus, ad hoc turribus atque
tabulatis allevatæ castellorum et urbium specie, non sine gemitu maris et labore ventorum,

ferebantur. Quæquidem ipsa moles exitio fuit.
Cæsaris naves habiles in omnia quæ usus posce-
bat, ad impetus, recursus, flexusque capien-
dos, illas graves et ad omnia præpetitas, sin-
gulas plures adortæ , missilibus simul et rostro , ad hoc ignibus jactis facile dissipave-
runt.

## XVI. VERSION.

### Socrates ad judices.

« Non huc ego , ut obtrectatores mei , vobis affero, Athenienses, ornatam accuratam-
que orationem , sententiarum verborumque
longius accersitorum apparatu distinctam , at
cultu expressam simplici ingenioque. Adsum
coram vobis confidenti animo, quod pro tuendo
jure ipso dicam; neque aliud a me expetatis velim. Enimvero num deceat me , ea qua sum
ætate, ita prodire in conspectum judicum ,
ut fucatæ eloquentiæ artificio instructus, juvenis esse videar ? Itaque, si in hac mea defen-
sione, ea demum oratione utor , qua uti soleo
in foro et in aliis locis, ubi vestrum plurimi
disserentem me audierunt , ego vos obtestor ,
judices, ne succenseatis, aut miremini. Quum
sim annis septuaginta et amplius natus, atque
hodie primum in jus vocatus, næ ego maxime
rudem et peregrinum in ea, quæ hic usurpa-
tur, lingua esse me intelligo. »

## XVII. VERSION.

### Ad amicum ex gravi morbo recentem.

Vivis, amice , neque verus ille rumor, qui

te exstinctum retulit! O rem lætissimam! o me
præter spem omnem felicissimum ! Equidem
nunquam ego intellexi melius quantopere te
diligerem , quam quum mihi renunciatum est
te mihi ereptum fuisse in perpetuum. Tunc
recurrit animo fides tua eximia , piissima caritas et amœnissima illa indoles , unde existunt
dulcissimæ necessitudinis vincula. Hinc æstimare licet quantus animum mœror incesserit.
Sed quid ego hæc ? quid in re tam luctuosa diutius immoror , quum tam ampla lætandi mate-
ries occurrat ? Ignosces , ut spero , pro tua hu-
manitate. Videor enim similis esse eorum qui
naufragium perpessi , et amicum tandem por-
tum ingressi , tanto suavius retractant periculi
memoriam , quanto gravius in discrimen ad-
ducti fuere. Cæterum cura sit tibi deinceps
impensissime valetudinis, sicque habe , amici
tui salutem tua cum salute esse conjunctam.

## XVIII. VERSION.

Quum Philippus quartus , Hispanorum rex ,
Ludovico decimo quarto filiam suam despon-
disset , duo reges ad insulam Phasianorum in
utriusque regni finibus sitam processere. Se-
quebatur utrumque ingens procerum numerus ,
apparatu splendido , ut quidquid in utroque
regno aut ad nobilitatem insigne aut opulen-
tiam esset , unum in locum convenisse videretur. Æmula jam inde a primordiis utraque
gens , depositis tandem armis et odiis , in-
noxio quodam æmulandi genere , comitate pariter et magnificentia certabant. Cogniti jam
multis inter se præliis proceres , prensare in-

vicem gaudebant manus illas sæpe in pugna-
rum atrocitate expertas, ferocesque bellantium
obtutus jam in amicos rieus et familiaritatem
vertebant. Occupat omnium animos lætitia, et
inter se copulabant publicæ necessitatis vincula ; prosperaque omnia et spes egregiæ vol-
vebantur : quippe per viginti et quinque annos
cruento bello variaque fortuna colluctatæ gentes in felici connubio conquiescebant. Quin et
ad Gallos ut major præteritarum victoriarum
laus, ita lætitiæ pars eo major pertinebat, quo
fortibus animis dulcius est dare pacem quam
accipere. In hac omnium hilaritate, Ludovicum quoque cupido incessit socerum suum,
cui nunquam facie notus fuerat, aliena specie
fallendi. Ergo sine insignibus immixtus aulicor-
rum turbæ, in insulam venit. Sed ipsa se pro-
didit dissimulata sedulo majestas, agnovitque
facile generum Philippus. Detractis enim re-
giis ornamentis, remanebat tamen tacitus quidam splendor qui regem argueret. Erat quippe
Ludovicus ea ætate, quæ ridet amœnissimo ju-
ventutis flore; ea specie, quæ regiam præ se
ferret majestatem omni venustate temperatam.
Statura grandis, decorus incessus ; ad hæc,
pulchra cæsaries, oris color virilis et succo
plenus, oculi scintillantes et ingenio tincti,
ita tamen ut niterent amabili suavitate; denique toto corporis habitu vel invitus regem se
esse Ludovicus fatebatur.

----

## XIX. VERSION.

### *Lupus et Upilio.*

Quum incidisset upilio in tenellos lupæ ca-

tulos, et pararet jam neci dare, servavit unum
non inutilem fore visum, et educavit, ut so-
lent catuli educari. Is se docilem, satis præbere
cœpit, moresque caninos aliquandiu imitatus
est. Sed ubi tandem firmior ætas invaluit, ef-
ferbuit lupina indoles, et famem diram simul
accendit. Latro vehementis impetum libidinis
studebat reprimere, upilionis ob metum animo penitus infixum, et sibi cautus imperabat.
At tamen, die quadam, imprudentem agnum
quum videret, a grege diversum abire vallem
in umbrosam, absente upilione; ratus hanc
esse non vanam neque periculosam occasionem, sequitur incautum occulto gradu. Postquam in locum frequentibus dumis virgultis-
que clausum ventum est, commode ut posset,
clanculum omne peragit facinus : nihil suspi-
cantem agnum sævus invasit latro, et correptum strangulavit. Verum interim redux upilio,
quum gregem numerasset, animadvertit agnum
abesse. Nec mora : perquirere cœpit, moxque prædatorem perfidum, artus agni in re-
liquos dentibus etiamnum sævientem aspicit.
Ter aut quater capiti ferratam sudem impin-
git, ac prosternit lupum solo exanimem.

Fabella hæc docet aliquatenus obtegi feram indolem, non autem posse penitus cor-
rigi.

## XX. VERSION.

Quantacumque superbia esset Tigranes, quum
audivisset Pompeium in Armeniam irrupisse,
et ad urbem hujus regni caput recte conten-
dere, hujus modi nuncio perterritus fuit,
sibique conscius suas opes ad resistendum im-

pares esse , fidem imperatoris romani atque
clementiam experiri statuit. Omissa igitur cau-
tione , in hostium venit castra supplex , et se
regnumque ditioni Pompeii permisit ; præfa-
tus neminem alium esse cujus liberalitati se
committere voluisset : proinde omnem sibi vel
adversam , vel secundam , cujus auctor ille esset , fortunam acceptam fore : non esse turpe
vinci ab eo quem vincere esset nefas ; neque ei
inhoneste aliquem submitti , quem fortuna supra omnes extulisset.

## XXI. VERSION.

### *Annibalis effigies.*

Missus in Hispaniam Annibal primo statim adventu omnem exercitum in se convertit. « Amil-
carem juvenem redditum sibi veteres milites
credere ; eumdem vigorem in vultu , vimque
in oculis, habitum oris lineamentaque intueri : » dein brevi effecit, ut pater in se minimum
momentum ad favorem conciliandum esset.
Nunquam ingenium idem ad res diversissimas,
parendum atque imperandum, habilius fuit :
itaque haud facile decerneres utrum impera-
tori , an exercitui, carior esset : neque Asdru-
bal alium quemquam præficere malle , ubi quid
fortiter ac strenue agendum esset : neque milites alio duce plus confidere, aut audere. Plurimum audaciæ ad pericula capessenda , plurimum consilii inter ipsa pericula erat : nullo
labore aut corpus fatigari , aut animus vinci
poterat. Caloris ac frigoris patientia par ; cibi
potionisque desiderio naturali, non voluptate ,
modus finitus : vigiliarum somnique nec die ,

nec nocte discriminata tempora. Id , quod ge-
rendis rebus superesset, quieti datum : ea neque molli strato, neque silentio arcessita. Multi
sæpe militari sagulo opertum , humi jacentem
inter custodias stationesque militum , cons-
pexerunt. Vestitus nihil inter æquales excel-
lens; arma atque equi conspiciebantur. Equitum peditumque idem longe primus erat : princeps in prælium ibat; ultimus conserto prælio
excedebat. Has tantas viri virtutes ingentia vitia æquabant; inhumana crudelitas , perfidia
plus quam Punica , nihil veri , nihil sancti ,
nullus deum metus, nullum jusjurandum, nulla religio.

---

## XXII. VERSION.

*Quomodo Rhodanum flumen trajecerint Cartha-*
*giniensis exercitus elephanti.*

Elephantorum trajiciendorum varia consilia
fuisse credo ; certe variata memoria actæ rei :
quidam, congregatis ad ripam elephantis, tra-
dunt, ferocissimum ex iis irritatum ab rectore
suo , quum refugientem in aquam nantem se-
queretur , traxisse gregem , ut quemque ti-
mentem altitudinem destituerat vadum , impetu ipso fluminis in alteram ripam rapiente.
Cæterum magis constat , ratibus trajectos : id
ut tutius consilium ante rem foret , ita , acta
re , ad fidem pronius est. Ratem unam , ducen-
tos longam pedes , quinquaginta latam , à terra
in amnem porrexerunt : quam , ne secunda
aqua deferretur , pluribus validis retinaculis
parte superiore ripæ religatam, pontis in modum , humo injecta constraverunt ; ut belluæ

audacter velut per solum ingrederentur : altera
ratis, æque lata, longa pedes centum, ad tra-
jiciendum flumen apta, huic copulata est : et
quum elephanti, per stabilem ratem, tanquam
viam, prægredientibus feminis, acti, in mino-
rem applicatam transgressi sunt; extemplo re-
solutis, quibus leviter annexa erat, vinculis,
ab actuariis aliquot navibus ad alteram ripam
pertrahitur : ita primis expositis, alii deinde
repetiti ac trajecti sunt. Nihil sane trepidabant,
donec continenti velut ponte agerentur : primus erat pavor, quum, soluta ab cæteris rate,
in altum raperentur : ibi, urgentes inter se,
cedentibus extremis ab aqua, trepidationis ali-
quantum edebant; donec quietem ipse timor
circumspectantibus aquam fecisset : excidere
etiam sævientes quidam in flumen ; sed, pondere ipso stabiles, dejectis rectoribus, quæ-
rendis pedetentim vadis, in terram evasere.

## XXIII. VERSION.

*Annibal post Cannensem victoriam.*

Annibali victori quum cæteri circumfusi gra-
tularentur, suaderentque, ut, tanto perfunc-
tus bello, diei quod reliquum esset, noctisque
insequentis, quietem et ipse sibi sumeret, et
fessis daret militibus; Maharbal, præfectus
equitum, minime cessandum ratus, « imo, ut,
quid hac pugna sit actum, scias, die quinto,
inquit, victor in Capitolio epulaberis. Seque-
re me : cum equite, ut prius venisse, quam ven-
turum, sciant, præcedam. » Annibali nimis
læta res est visa, majorque, quam ut eam statim capere animo posset. Itaque « voluntatem

se laudare Maharbalis, ait : ad consilium pen-
sandum temporis opus esse. » Tum Maharbal :
« Non omnia, nimirùm, eidem dii dedere :
vincere scis, Annibal ; victoria uti nescis. »
Mora ejus diei satis creditur saluti fuisse urbi
et imperio. Postero die, ubi primum illuxit,
ad spolia legenda, fœdamque etiam hostibus
spectandam stragem insistunt. Jacebant tot
Romanorum millia, pedites passim equitesque, ut quem cuique fors aut pugna junxerat
aut fuga : assurgentes quidam ex strage media
cruenti, quos stricta matutino frigore excitave-
rant vulnera, ab hoste oppressi sunt. Quosdam
et jacentes vivos succisis feminibus poplitibus-
que invenerunt, nudantes cervicem jugulum-
que, et reliquum sanguinem jubentes haurire.
Inventi sunt quidam mersis in effossam terram
capitibus ; quos sibi ipsos fecisse foveas, ob-
ruentesque ora superjecta humo interclusisse
spiritum apparebat. Præcipue convertit omnes
substratus Numida mortuo superincubanti Romano vivus, naso auribusque laceratis : quum,
manibus ad capiendum telum inutilibus, in
rabiem ira versus, laniando dentibus hostem
exspirasset.

––––––––

## XXIV. VERSION.

*Mare Pigrum. Æstyi, matris deum cultores,
succinum legunt. Sitonibus femina imperat.*

Trans Suionas aliud mare, pigrum ac prope
immotum, quo cingi claudique terrarum orbem hinc fides, quod extremus cadentis jam
solis fulgor in ortus edurat adeo clarus, ut sidera hebetet ; sonum insuper immergentis au-

diri , formasque equorum , et radios capitis
aspici , persuasio adjicit. Illuc usque (et fama
vera) tantum natura. Ergo jam dextro Suevia
maris littore Æstyorum gentes alluuntur : quibus ritus habitusque Suevorum ; lingua Bri-
tannicæ propior. Matrem deum venerantur :
insigne superstitionis , formas aprorum ges-
tant : id pro armis omnique tutela : securum
deæ cultorem etiam inter hostes præstat; rarus
ferri , frequens fustium usus. Frumenta cæterosque fructus patientius , quam pro solita
Germanorum inertia , laborant. Sed et mare
scrutantur, ac soli omnium succinum , quod
ipsi *glesum* vocant, inter vada atque in ipso
littore legunt : nec, quæ natura , quæve ratio
gignat, ut barbaris, quæsitum compertumve :
diu quinetiam inter cætera ejectamenta maris
jacebat , donec luxuria nostra dedit nomen :
ipsis in nullo usu : rude legitur, informe per-
fertur, pretiumque mirantes accipiunt. Suc-
cum tamen arborum esse intelligas , quia ter-
rena quædam atque etiam volucria animalia
plerumque interlucent, quæ implicata humore,
mox, durescente materia , cluduntur. Fecun-
diora igitur nemora lucosque , sicut Orientis
secretis , ubi thura balsamaque sudantur , ita
Occidentis insulis terrisque inesse , credide-
rim ; quæ vicini solis radiis expressa , atque li-
quentia in proximum mare labuntur, ac vi
tempestatum in adversa littora exundant. Si
naturam succini admoto igne tentes, in modum tedæ accenditur, alitque flammam pin-
guem et olentem : mox ut in picem resinamve
lentescit. Suionibus Sitonum gentes continuan-
tur ; cætera similes, uno differunt , quod fe-

mina dominatrix : in tantum non modo a libertate, sed etiam a servitute degenerant ! hic
Sueviæ finis.

---

## XXV. VERSION.

Datur hæc venia antiquitati, ut, miscendo
humana divinis, primordia urbium augustiora
faciat. Et, si cui populo licere oportet, conse-
crare origines suas, et ad deos referre auctores, ea belli gloria est populo romano, ut,
quum suum conditorisque sui parentem Martem potissimum ferat, tam et hoc gentes humanæ patiantur æquo animo, quam imperium
patiuntur. Sed hæc et his similia, utcumque
animadversa aut existimata erunt, haud in
magno equidem ponam discrimine. Ad illa
mihi pro se quisque acriter intendat animum,
quæ vita, qui mores fuerint : per quos viros,
quibusque artibus, domi militiæque, et par-
tum et auctum imperium sit : labente deinde
paulatim disciplina, velut desidentes primo
mores sequatur animo ; deinde ut magis magis-
que lapsi sint ; tum ire cœperint præcipites :
donec ad hæc tempora, quibus nec vitia nostra, nec remedia pati possumus, perventum
est. Hoc illud est præcipue in cognitione rerum
salubre ac frugiferum, omnis te exempli docu-
menta in illustri posita monumento intueri :
inde tibi tuæque reipublicæ, quod imitere, ca-
pias : inde fœdum inceptu, fœdum exitu, quod
vites.

## XXVI. VERSION.

*Dii Germanorum, sacra, simulacra nulla. Aus-*
*picia, sortes : ex equis, e captivis præsagia.*

Germani deorum maxime Mercurium colunt,
cui certis diebus, humanis quoque hostiis, li-
tare fas habent. Herculem ac Martem concessis
animalibus placant : pars Suevorum et Isidi
sacrificat. Unde causa et origo peregrino sacro,
parum comperi, nisi quod signum ipsum, in
modum liburnæ figuratum, docet advectam
religionem. Cæterum nec cohibere parietibus
deos, neque in ullam humani oris speciem
assimulare, ex magnitudine cœlestium arbi-
trantur : lucos ac nemora consecrant, deorum-
que nominibus appellant secretum illud, quod
sola reverentia vident. Auspicia sortesque, ut
qui maxime, observant. Sortium consuetu-
do simplex : virgam frugiferæ arbori deci-
sam, in surculos amputant, eosque, notis quibusdam discretos, super candidam vestem temere ac fortuito spargunt : mox, si publice
consulatur, sacerdos civitatis, sin privatim,
ipse paterfamiliæ, precatus deos, cœlumque
suspiciens, ter singulos tollit; sublatos, secun-
dum impressam ante notam, interpretatur. Si
prohibuerunt, nulla, de eadem re, in eumdem diem consultatio; sin permissum, auspi-
ciorum adhuc fides exigitur. Et illud quidem
etiam hic notum, avium voces volatusque
interrogare; proprium gentis, equorum quoque præsagia ac monitus experiri : publice
aluntur iisdem nemoribus ac lucis, candidi, et

nullo mortali opere contacti; quos pressos sacro curru sacerdos, ac rex, vel princeps civitatis, comitantur, hinnitusque ac fremitus
observant. Nec ulli auspicio major fides, non
solum apud plebem, sed apud proceres, apud
sacerdotes : se enim ministros deorum, illos
conscios putant. Est et alia observatio auspicio-
rum, qua gravium bellorum eventus explorant :
ejus gentis, cum qua bellum est, captivum,
quoque modo interceptum, cum electo popu-
larium suorum, patriis quemque armis, com-
mittunt : victoria hujus, vel illius, pro præ-
judicio accipitur.

---

### XXVII. VERSION.

#### De Gallis.

Quamdiu cominus pugnant Galli, ubi invicem pati et inferre vulnera licet, accendit ira
animos eorum. Ubi vero ex occulto et procul
levibus telis vulnerantur, nec quo ruant cæco
impetu habent, velut feræ transfixæ, in suos
temere incurrunt. Detegit vulnera eorum quod
nudi pugnant, et sunt multa carne teretia et
candida corpora, ut quæ nunquam, nisi in
pugna, nudentur. Ita et plus sanguinis ex
multa carne funditur, et fœdiores patent pla-
gæ, et candor corporum magis sanguine atro
maculatur. Sed non tam patentibus plagis mo-
ventur; interdum, intus secta cute, ubi latior,
quam altior, plaga est, etiam gloriosius se
pugnare putant. Iidem, quum aculeus sagittæ
aut jaculi abditi aut introrsus tenui vulnere in
speciem urit, et scrutantes qua evellant, telum
non sequitur, tum in rabiem et pudorem tam

parvæ perimentis pestis versi, corpora pro-
sternunt humi, ita ut passim procumbant. Alii
ruentes in hostem undique configuntur ; et.,
quum cominus veniunt, gladiis ab hostibus
trucidantur.

## XXVIII. VERSION.

*Præceptoris officia.*

Sumat ante omnia parentis erga discipulos
suos animum præceptor, ac succedere se in
eorum locum, a quibus sibi liberi tradantur,
existimet. Ipse nec habeat vitia, nec ferat ; non
austeritas ejus tristis, non dissoluta sit comi-
tas ; ne inde odium, hinc contemptus oriatur.
Plurimus ei de honesto ac bono sit sermo. Nam
quo sæpius monuerit, hoc rarius castigabit.
Minime iracundus, nec tamen eorum, quæ
emendanda erunt, dissimulator ; simplex in
docendo, patiens laboris, assiduus potius quàm
immodicus. Interrogantibus libenter respon-
deat ; non interrogantes percontetur ultro. In
laudandis discipulorum dictionibus, nec ma-
lignus, nec effusus, quia res altera tædium laboris, altera securitatem parit. In emendando,
quæ corrigenda erunt, non acerbus, minime-
que contumeliosus. Nam id quidem multos a
proposito studendi fugat, quod quidam sic ob-
jurgant, quasi oderint. Ipse aliquid, imo multa quotidie dicat quæ secum audita referant :
licet enim satis exemplorum ad imitandum ex
lectione suppeditet, tamen viva illa, ut dicitur, vox plenius alit, præcipueque præceptoris, quem discipuli, si modo recte sunt
instituti, et amant et verentur.

## XXIX. VERSION.

Mirari quidem non debes corrupta excipi
non tantum a corona sordidiore, sed ab hac
quoque turba cultiore. Togis enim inter se
isti, non judiciis, distant. Hoc magis mirari
potes quod non tantum vitiosa, sed et vitia
laudantur. Nam illud semper factum est : nullum sine venia placuit ingenium. Da mihi
quemcumque vis magni nominis virum ; dicam quid illi ætas sua ignoverit, quid in illo
sciens dissimulaverit. Multos dabo quibus vitia
non nocuerint, quosdam quibus profuerint.
Dabo, inquam, maximæ famæ et inter miranda
propositos, quos si quis corrigit, delet. Sic
etiam vitia virtutibus immixta sunt, ut illas
secum tractura sint.

## XXX. VERSION.

Semper oratorum eloquentiæ moderatrix
fuit auditorum prudentia. Omnes enim qui
probari volunt, voluntatem eorum qui audiunt
intuentur, ad eamque totos se fingunt et ac-
commodant. Atheniensium semper fuit prudens
sincerumque judicium, nihil ut possint audire, nisi incorruptum et elegans. Eorum re-
ligioni quum serviret orator, nullum verbum
insolens, nullum odiosum ponere audebat.
Itaque hic qui cæteris præstitit, in illa pro
Ctesiphonte oratione longe optima, submissius
a primo; deinde, dum de legibus disputat, pres-
sius ; post, sensim incedens, judices ut vidit
ardentes, in reliquis exsultavit audacius. Atta-

men in hoc ipso diligenter examinante omnium
verborum pondera, reprehendit Æschines quædam et exagitat ; illudensque dura, odiosa, in-
tolerabilia esse dicit. Quin etiam quærit ab ipso
quum quidem eum belluam appellet, utrum
illa verba an portenta sint : ut Æschini ne Demosthenes quidem videatur Attice dicere. Facile est enim verbum aliquod ardens (ut ita
dicam) notare, idque restinctis animorum in-
cendiis irridere. Itaque se purgans jocatur Demosthenes; negat « in eo esse posita Græciæ for-
tunas, hoc an illo verbo usus sit, huc an illuc
manum porrexerit. » Quonam igitur modo audi-
retur Mysus aut Phryx Athenis, quum etiam
exagitetur Demosthenes ut putidus.

_____

## XXXI. VERSION.

Eloquentiam et poesim omnes se tenere ar-
bitrantur ; ac dum neque oratores esse se nec
poetas arroganter fatentur, oratorum tamen et
poetarum judices esse volunt. Nec fere est ulla
mulier paulo urbanior, quæ non præcipuam in
hac arte sibi prudentiam assumat. Non vero
eos vituperare velim qui, poeticæ aut oratoriæ
facultatis ignari, hanc tamen orationem, hoc
poema pronunciant sibi placere, aut minus
commode scriptum videri. Hactenus liberum
omnibus judicium est : est enim ea poetis et ora-
toribus proposita conditio, ut vel imperito-
rum animos deliniant et omnibus insitos a natura sensus callide explorent et aucupentur.
Sed nisi recondita artium illarum penetralia
crebra meditatione et diligenti lectione rimatus
aliquis fuerit, eum non im tantum sibi arrogare

ut de intimo artificio disserere ad libidinem
audeat. Hunc enim sensum quo præditus est,
natura, non scientia, assequitur. Palato quidem
ipsius fortasse sapiunt ea quæ bona sunt; sed
quibus condimentis is sapor efficiatur ignorat.
Quamvis enim eloquentia et poesis obviæ prima
facie et in medio positæ videantur, latent tamen
in visceribus plurima, quæ subtiliter et exigue
persequi si quis imperitus velit, ita conturbat
omnia, ita permiscet, ut vitia pro virtutibus,
virtutes pro vitiis interpretentur.

## XXXII. VERSION.

Philosophus cuidam hominem procerum,
longis instructum manibus tanquam ad pugi-
lationem aptissimum laudanti; « sane, inquit,
si corona a sublimi loco detrahenda foret »: sic
illum qui mihi divitias, amplissimos fundos,
magnificas ædes, auri argentique copiam im-
pensius laudaverit, dixeritque felicem qui ea
possidet, pulchre judicare fatebor, si possit his
omnibus emi beatitas. Verum auro venalem
non esse neque constantiam, neque temperan-
tiam, neque fortitudinem quæ beatos homines
faciunt, quis nesciat? ipse opum contemptus,
quo nihil ad felicitatem aptum magis, an divitiis paratur? imo nihil magis parit rerum su-
pervacanearum possessio quam ut eas amplius
requiras. Quo autem alio malo divitiæ liberent,
si ne divitiarum quidem auferant sitim? bi-
bendi cupiditas potu exstinguitur, et cibus cibi
desiderio medetur; at avaritiam neque aurum,
neque argentum exsaturat, neque cunctis opibus morbus ille minuitur. Rerum ad vitam suf-

ficientium nemo est pauper, neque unquam
fœnore argentum sumpsit quisquam, ut emeret
caseum et panem ; sed debitorem fecit, alium
superbæ domus constructio, alium agri finitimi
ad suum conjunctio. Multos in profundam æris
alieni voraginem præcipitaverunt equi jugales,
quibus vehi maluerunt, quum a natura pedes
accepissent.

---

## XXXIII. VERSION.

Emendatio pars studiorum longe utilissima.
Neque enim sine causa creditum est, stylum
non minus agere, quum delet. Hujus autem
operis est, adjicere, detrahere, mutare. Sed faci-
lius in his simpliciusque judicium quæ replen-
da vel dejicienda sunt ; premere vero tumen-
tia, humilia extollere, luxuriantia astringere,
inordinata digerere, soluta componere, exsul-
tantia coercere, duplicis operæ est. Nam et
damnanda sunt quæ placuerant, et invenienda
quæ fugerant. Nec dubium est esse optimum
emendandi genus, si scripta in aliquod tempus
reponantur, ut ad ea post intervallum, velut
nova et aliena redeamus, ne nobis scripta nostra tanquam recentes fœtus blandiantur. Sed
ipsa emendatio finem habeat. Sunt enim qui
ad omnia scripta tanquam vitiosa redeant : et
quasi nihil fas sit rectum esse, quod primum
est, melius existiment quidquid est aliud, idque faciant quoties librum in manibus resump-
serint, similes medicis etiam integra secanti-
bus. Accidit itaque ut cicatricosa sint et exsan-
guia et cura pejora. Sit igitur aliquando quod
placeat, aut certe quod sufficiat ; ut opus po-
liat lima, non exterat.

## XXXIV. VERSION.

Mollis et enervata putanda est peripatheti-
corum ratio et oratio, qui perturbari animos
necesse esse dicunt, sed adhibent modum quem-
dam quem ultra progredi non oporteat. Modum tu adhibes vitio? an vitium nullum est
non parere rationi? an ratio parum præcipit
nec bonum illud esse quod aut cupias ardenter,
aut adeptus, efferas te insolenter? Nec porro
malum quo aut oppressus jaceas, aut ne oppri-
mare, mente vix constes? eaque omnia aut nimis tristia, aut nimis læta errore fieri? Qui si
error stultis extenuetur die, ut quum res eadem maneat, aliter ferant inveterata, aliter re-
centia, sapientes ne attingat quidem omnino.
Qui modum igitur vitio quærit, similiter facit
ut si posse putet eum qui se a Leucade præci-
pitaverit, sustinere se, quum velit.

## XXXV. VERSION.

Nimis anxium esse te circa verba et compo-
sitionem nolo : habes majora quæ cures. Quære
quid scribas, non quemadmodum. Et hoc ipsum
non ut scribas, sed ut sentias, ut illa quæ sense-
ris, magis applices tibi ac veluti signes. Cujus-
cumque orationem videris sollicitam et politam,
scito animum quoque non esse minus pusillis
occupatum. Magnus ille remissius loquitur ac
securius : quæcumque dicit, plus habent fidu-
ciæ quam curæ. Nosti complures juvenes barba

et coma nitidos, de capsula totos; nihil ab illis speraveris forte, nihil solidum. Oratio vultus animi est. Si circum tonsa est, et fucata, et manu facta, ostendit illum quoque non esse sincerum et habere aliquid fracti.

# DEUXIÈME PARTIE.

## THÈMES.

### I. THÈME.

Qui pourrait supporter l'orgueil d'un de nos écrivains, qui a osé dire dans sa vieillesse, que, s'il recommençait à vivre, il vivrait comme il avait déjà vécu? En effet, ne sait-on pas que le fruit ordinaire de l'âge et de l'expérience, est de nous faire connaître qu'il a manqué quelque chose à notre sagesse et à nos lumières. D'après cela il est vraisemblable que nous vivrions d'une autre manière, si le ciel nous plaçait dans les mêmes circonstances. Il n'y a que des Stoïciens orgueilleux qui aient pu penser que le sage ne se repentait jamais, qu'il ne faisait jamais de fautes, et que, docile à la nature, il était toujours dans le chemin de la vérité. La condition de tous les hommes est de s'égarer. Les plus sages sont ceux qui reconnaissent leurs fautes, et sont fâchés de les avoir commises. Penser autrement, c'est ressembler à un malade, si fort accablé par la douleur qu'il ne sent pas son mal.

### II. THÈME.

Le poison le plus funeste aux princes est la flatterie. Ils sont environnés d'une foule d'adorateurs, qui ne laissent jamais aller jusqu'à eux la vérité. Prosternés autour d'eux, ils les encen-

sent comme des idoles. Leurs louanges, comme
une fumée épaisse, aveuglent les princes, et pour
de vains sons dont ils les charment, ils en ob-
tiennent des bienfaits qu'ils ne méritent pas. Cependant tous les princes ne se laissent pas aisé-
ment séduire par la flatterie, et on en a vu quelquefois rejeter avec mépris l'hommage grossier
qui leur était offert. Un certain Aristobule avait
écrit l'histoire d'Alexandre, et lui en faisait la
lecture en passant avec lui l'Hydaspe ; mais les
faits étaient tellement défigurés par la flatterie,
qu'Alexandre, malgré son goût pour la louange,
lui arracha le livre des mains, et le jeta dans le
fleuve, en lui disant : « Tu mériterais que je t'en
fisse autant. »

## III. THÈME.

Le changement est si naturel à l'homme, que
les choses les plus agréables lui deviennent en-
nuyeuses par leur uniformité. C'est le changement qui fait le charme des plaisirs de la vie. Le
soleil, tout éclatant qu'il est, ne paraîtrait pas
si beau, si l'obscurité de la nuit qui le précède
n'en relevait l'éclat. Nous ne trouverions pas les
jours de printemps si agréables, si la tristesse
de l'hiver ne nous en faisait souhaiter le retour.
Les peintures les plus estimées ne sont pas toujours celles qui brillent des plus vives couleurs ;
pour mériter l'approbation des connaisseurs, il
faut que les ombres y soient ménagées avec dis-
cernement. L'abondance même a ses défauts, il
lui faut un assaisonnement. Les princes et les
riches n'en ont jamais goûté la douceur. Pour
en sentir le prix, il faut avoir éprouvé la di-
sette. Artaxerxe ayant été obligé de prendre
la fuite dans un combat, se trouva si pressé par
la faim, qu'il fut forcé de manger un morceau

de pain d'orge. Il trouva qu'il n'avait jamais rien
mangé de meilleur.

## IV. THÈME.

On demandait un jour à Socrate, quelle dif-
férence il y avait entre un savant et un ignorant. Pour le savoir, répondit-il, il n'y a qu'à
les envoyer l'un et l'autre dépourvus de tout
dans un pays où ils n'aient aucune connaissance.
L'un excitera la pitié, l'autre se fera estimer.
L'humanité fera traiter l'ignorant avec quelques
égards ; mais le savant sera accueilli de tout le
monde. L'exemple d'Aristippe est une preuve de
cette vérité. Le vaisseau sur lequel il était, fit
naufrage, et fut jeté par un coup de vent sur
les côtes de Rhodes. Il n'eut pas plus tôt pris
terre, qu'il alla au lieu des exercices, où il
parla sur la sagesse avec tant d'éloquence, que
tous les habitans le comblèrent de présens et
d'honneurs, firent distribuer des habits à tous
ceux de sa suite, et donnèrent des ordres pour
qu'ils ne manquassent de rien, tant qu'Aristippe
leur ferait l'honneur de rester chez eux.

## V. THÈME.

Il est plus aisé d'être un homme illustre qu'un
grand homme. Un grand homme fait le bien pour
le bien même, indépendamment des jugemens
des autres, souvent même au hasard de se voir
blâmé par le commun des hommes, qui ne rendent pas toujours justice au mérite. Pour être
un homme illustre, il suffit de se signaler par
quelque action d'éclat. Or, la gloire attachée à
ces grandes actions, est un ressort bien plus capable de remuer le cœur de l'homme, que l'a-

mour de la vertu. Combien de gens sont regardés comme des héros, qui n'auraient peut-être pas mérité le nom d'hommes, si leur naissance ne leur avait fourni des occasions de briller. Tout leur mérite n'était qu'un mérite emprunté, un ornement de théâtre. La vraie grandeur rejette au contraire tout ce qui est fragile et périssable, elle n'attend sa récompense que de Dieu, et ne donne rien à l'ostentation et aux applaudissemens des hommes.

---

## VI. THÈME.

Je ne sais s'il y a rien de plus agréable qu'une vie tranquille et consacrée à l'étude des lettres. Ce plaisir n'est peut-être pas aussi piquant que les autres ; mais quoiqu'il soit paisible et tranquille, il a je ne sais quelle douceur qui répand sur notre vie des agrémens inexprimables ; les autres plaisirs ont leurs dégoûts, et l'habitude en affaiblit et en émousse la sensation. Le goût des études, au contraire, est de nature à se fortifier avec l'âge. Combien n'avons-nous pas vu dans cette ville de personnages illustres se consacrant aux lettres jusqu'aux derniers momens de leur vie : chaque jour, l'étude et la science apportaient à leur esprit une sorte d'aliment. La nuit les surprenait souvent occupés à un travail qu'ils avaient commencé le matin. Plusieurs, au milieu des délices et des plaisirs, y renoncèrent pour se consacrer à l'étude, persuadés, et avec raison, qu'ils puiseraient dans l'étude des trésors plus précieux que l'or et les pierreries.

---

## VII. THÈME.

Un assassin voulant tuer un tyran, lui perça

un abcès : le tyran ne lui sut pas gré d'une opé-
ration que les médecins n'avaient pas osé tenter.
Vous voyez que l'action ne décide rien, puisqu'on n'est pas bienfaiteur pour avoir été utile,
en voulant nuire. Le bienfait est du hasard, et
l'injure de l'homme. Nous avons vu un lion
dans l'amphithéâtre, reconnaître un homme qui
avait été autrefois son maître, et le défendre
contre les autres bêtes. Est-ce donc un bienfait,
que le secours d'une bête féroce ? non assuré-
ment, puisqu'il n'y avait de sa part, ni volonté,
ni bienveillance.

## VIII. THÈME.

Que Rome et la Grèce vantent, tant qu'elles
voudront, leurs Césars et leurs Alexandres, la
gloire que Henri IV s'est acquise est infini-
ment préférable à celle de ces fameux conqué-
rans, ses vertus sont sans mélange de vices. Quoiqu'il eût quelques-uns de ces défauts inséparables de l'humanité, il n'eut d'autre ambition que
celle d'être regardé comme le père de ses su-
jets, et de les rendre heureux. Il n'a fait la
guerre que pour éteindre les dissensions civiles
qui ravageaient son royaume, et se mettre en
possession d'une couronne qui lui appartenait
par droit de naissance. Aucun des guerriers si
vantés dans l'histoire ne s'est trouvé à plus de
combats, de prises de villes et d'occasions péril-
leuses, dont il est toujours sorti avec avantage.
Il était ferme dans l'adversité, modéré dans ses
succès, intrépide dans les dangers, ami de la
justice et de la bonne foi, il ne connaissait point
les détours par lesquels on se joue des traités.
Il avait établi dans les affaires de la France
un si bel ordre, que, malgré sa mort funeste et
prématurée, le royaume se soutint au milieu

des troubles qui suivirent, dans l'état florissant
où il l'avait laissé.

---

## IX. THÈME.

Ceux qui s'adonnent à l'étude de la sagesse,
jouissent seuls d'un vrai repos : ils sont les seuls
qui vivent. Non seulement ils mettent à profit
leur temps, mais ils joignent encore tous les
siècles au leur, toutes les années qui les ont
précédés leur appartiennent. Nous serions bien
ingrats, si nous ne reconnaissions pas que c'est
pour nous que sont nés les illustres auteurs de
tant d'opinions respectables. Ils nous ont pré-
paré notre vie ; nous devons à leurs travaux une
foule de belles découvertes, qu'ils ont tirées
des ténèbres, et vers lesquelles ils nous ont con-
duits comme par la main. Nous avons la liberté
de parcourir tous les siècles, nous y sommes
admis ; et si nous avons assez de force d'esprit
pour franchir les limites de la faiblesse humaine,
nous verrons un long espace de temps s'ouvrir
pour nous. Je puis, si je le veux, raisonner
avec Socrate, douter avec Carnéade, me repo-
ser avec Épicure, vaincre la nature de l'homme
avec les Stoïciens, m'élever au-dessus d'elle avec
les Cyniques ; enfin, marcher d'un pas égal avec
la nature universelle, pour m'associer à tous les
âges.

---

## X. THÈME.

Le cardinal de Richelieu était un homme plus
grand par son esprit et par ses talens, que par
sa dignité et sa fortune. Il était toujours au-
dessus des emplois qu'on lui confiait, capable
de régler le présent et de prévoir l'avenir, d'as-
surer les bons événemens et de réparer les mau-

vais, vaste dans ses desseins, pénétrant dans
les conseils, juste dans le choix des moyens
qu'il employait, prompt dans l'exécution, heureux dans presque toutes ses entreprises, et,
pour tout dire en un mot, rempli de ces dons
que Dieu fait à certaines ames créées pour faire
mouvoir les ressorts, dont sa puissance se sert
pour relever ou pour abattre, *selon ses décrets
éternels*, la fortune des rois ou des royaumes.
Il posséda lui seul tout ce que l'Eglise a de
grand, et le monde de pompeux et de magnifique, les biens, les honneurs, les dignités, le
crédit et la puissance. Par l'étendue de son gé-
nie, il influait presque autant dans les affaires
et des démarches des autres peuples de l'Eu-
rope, qu'il dominait dans le gouvernement de
la France.

## XI. THÈME.

Rien de moins respectable, selon moi, que
ces gens qui, pour parvenir à leur but, et éta-
blir leur réputation, prennent différentes for-
mes et se couvrent d'un masque trompeur. Alcibiade est un grand homme, mille qualités le
rendent estimable ; il a pour lui tous les avantages de l'esprit et du corps ; mais un défaut es-
sentiel efface tout son mérite : il est ambitieux
et rapporte tout à lui. Pour se faire valoir, il
devient un Protée. Est-il à Athènes, la politesse
et les sciences deviennent sa principale étude ; à
Sparte, il affecte une austérité qui le distingue
de tous les autres. Chez les Thraces, c'est un li-
bertin et un débauché ; en Perse, il est efféminé,
magnifique et somptueux. En Béotie, il veut
paraître un gladiateur : en un mot, c'est
l'homme le plus souple qu'on puisse imaginer.
Il est bien difficile, dit un homme sensé, d'être

ce que l'on doit être, quand on est si facilement
ce que l'on veut.

---

## XII. THÈME.

Les Perses poursuivaient en justice un vice,
source ordinaire des haines les plus irréconci-
liables parmi les hommes, je veux dire, l'ingratitude : ainsi, quand quelqu'un était con-
vaincu de n'avoir pas reconnu un bienfait, lorsqu'il le pouvait, il était sévèrement puni : car les
ingrats étaient regardés comme des gens sans
respect pour les dieux, sans attachement pour
leurs parens, leur patrie et leurs amis. Quoique
l'ingratitude soit généralement détestée, de tous
les vices qui inondent la société, il n'en est pas
de plus ordinaire. J'en vois plusieurs causes ; d'a-
bord, nous n'accordons jamais nos bienfaits à
des gens qui les méritent ; en second lieu, si
nous trouvons des ingrats, c'est nous-mêmes
qui les rendons tels ; tantôt nous n'accordons
nos bienfaits qu'à des sollicitations vives et ré-
itérées. Tantôt nous les reprochons avec ai-
greur, et nous en exigeons le retour. Qui de
nous s'est contenté d'une simple demande ? On
n'aime point à avoir obligation de ce que l'on
doit plutôt à la contrainte qu'à la bonne volonté.

---

## XIII. THÈME.

La Pie et la Colombe étaient allées faire au
Paon une visite de politesse. Comme elles s'en
retournaient : « que ce Paon me déplaît, dit la
malicieuse Pie ! qu'il tire de son affligeant gosier
des sons désagréables ! que ne se tait-il ! que ne
cache-t-il pareillement ses vilains pieds ! » L'inno-
cente Colombe dit à son tour : « je vous avouerai,

ma bonne, que je n'ai pas songé à examiner ses défauts ; mais j'ai admiré, et je ne peux assez louer la noble élégance de son corsage, et sa brillante queue, dont l'éclat ne le cède pas à celui des pierres précieuses. »

Les mauvais caractères cherchent à blâmer ce qui se trouve de mauvais dans autrui ; les bons, au contraire, aiment à louer ce qui s'y trouve de bien.

---

### XIV. THÈME.

La dissimulation est un défaut dans les personnes privées, parce qu'elle détruit la société. Mais dans les personnes en place, c'est quelquefois une vertu nécessaire pour bien gouverner. On conviendra sans peine de cette vérité, pour peu qu'on connaisse la nature des affaires d'état. Aussi voit-on tous les jours des gens qui passent de la condition privée à une grande place, changer entièrement de caractère. Tel était franc, ouvert, d'un accès facile, qui devient tout-à-coup sombre, impénétrable. On croit assez communément que l'orgueil est le principe de ce changement, l'on se trompe : un homme en place doit prendre un extérieur qui convienne à sa dignité ; il doit être affable, mais de manière cependant que personne ne s'écarte du respect qu'on lui doit ; il doit être mesuré dans ses discours, pour ne choquer personne, et ne pas laisser échapper le secret des affaires qui lui ont été confiées.

---

### XV. THÈME.

Un ancien poète l'a dit, et l'expérience ne le prouve que trop à la honte de l'humanité, une

pente rapide nous entraîne à tout ce qui est défendu, et nous désirons toujours ardemment ce
qui nous est interdit. Rien ne le prouve mieux
que ce qu'on rapporte d'un jeune Romain assez
riche pour ne pas regretter de folles dépenses,
lorsqu'elles contribuaient à son plaisir, ne fût-
il qu'un pur caprice.

Il y avait à Rome une loi qui condamnait à
une amende considérable tout citoyen qui aurait donné un soufflet à un autre, amende qu'il
fallait payer à celui qui avait été maltraité. Ce
jeune homme sortit de sa maison à une heure
où il savait que les rues de Rome étaient les
plus fréquentées, se faisant suivre par un valet
chargé d'une grosse somme d'argent. Il se trans-
porte dans les places où il aperçoit une grande
foule, et se met à donner des soufflets à tous
ceux qu'il rencontre, non sans leur payer l'a-
mende portée par la loi, jusqu'à ce qu'il eût
épuisé toute la somme qu'il destinait à cet usage.
Je vous demande à présent quel plaisir il pouvait trouver dans un amusement acheté si cher,
si ce n'est de faire ce qui était défendu.

---

## XVI. THÈME.

### L'Ours, le Lion et le Loup.

Un Ours affamé avait pris un faon, l'avait
étranglé et se préparait à le manger. Survient un
Lion qui, n'ayant pas moins d'appétit que lui, veut
lui enlever sa proie. L'Ours, qui avait tenu tête à
plus d'un Lion, est bien éloigné d'y consentir,
maintenant surtout qu'il est animé par la faim.
Voilà donc de part et d'autre un acharnement
opiniâtre et terrible qui commence. Aucun des
deux n'a le dessus, aucun ne sent son maître, et

ils ne cessent de combattre, qu'au moment où
leurs forces épuisées les font tomber en même
temps l'un et l'autre à la renverse. Tandis qu'ils
sont ainsi terrassés par leur propre faiblesse, un
Loup vient se saisir du faon, de cet unique objet
des efforts de nos combattans, qui se le voient
ravir sans pouvoir l'empêcher : « Malheureux,
disent-ils, nous ne nous sommes donc battus en
braves, que pour voir un brigand nous enlever
le prix du combat? »

## XVII. THÈME.

La vie, quelque courte qu'elle soit, n'est jamais entièrement heureuse; il y a toujours quelque chose qui en trouble la tranquillité. Et comme
on l'a dit plusieurs fois, les plus beaux jours ont
leurs nuages. On ne peut donc entièrement éviter les misères humaines; mais du moins il faut
apprendre à les supporter avec patience. Le
plus sage est celui qui demeure toujours le
même dans les vicissitudes de la fortune, et qui
garde la tranquillité de l'ame, lorsque rien n'est
tranquille autour de lui.

Que servent en effet les plaintes et les gémis-
semens? Une disgrâce à laquelle on donne des
larmes, n'en devient que plus insupportable; et
j'approuve la réponse du philosophe Zénon, qui,
ayant appris qu'un naufrage avait englouti ses
richesses dans la mer, répondit sans émotion :
« je vois ce que demande la fortune; elle veut que
désormais je m'occupe plus à mon aise de la philosophie. »

## XVIII. THÈME.

Un voyageur rapporte des choses assez plai-
santes des janissaires, qui tiennent aujourd'hui

auprès de l'empereur turc la même place que tenaient autrefois auprès des empereurs romains les soldats prétoriens. Lorsque le corps des janissaires est complet, il peut monter à douze mille. Ils sont répandus dans presque toutes les parties de cet empire, pour garder les places de guerre contre les ennemis, et défendre les Juifs et les Chrétiens contre les insultes du peuple. Il n'est point de bourg, de village, de petite ville, où il n'y ait des janissaires, pour mettre les Chrétiens et les Juifs à couvert de l'insolence des méchans. Ils ont pour vêtement un habit qui leur descend jusqu'aux talons, et pour coiffure un bonnet qui ressemble à la manche d'une robe. Ils mettent leur tête dans une partie de ce bonnet, et l'autre qui couvre le cou pend par derrière. Par devant, le bonnet est couvert d'une plaque d'argent doré qui s'élève en pointe, parsemée de quelques pierreries, mais de peu de valeur. Les janissaires, dit notre voyageur, venaient presque toujours me voir deux à deux. Lorsqu'on leur avait ouvert la porte de l'endroit où j'étais, ils baissaient la tête et me saluaient profondément, et s'approchant de moi avec précipitation et presque en courant, ils prenaient ma main comme pour la baiser, et me présentaient un bouquet d'hyacinthes ou de narcisses. Ensuite ils retournaient avec la même promptitude vers la porte, en marchant à reculons de peur de me tourner le dos, ce qui est chez eux une indécence. Là, ils se tenaient en silence avec une modestie extraordinaire, les yeux fixés vers la terre, et les mains placées sur la poitrine, de sorte qu'on les eût pris plutôt pour des moines que pour des soldats; et lorsque je leur avais donné quelques écus, qui étaient la seule chose qui les amenait, ils inclinaient de nouveau la tête, et, après m'avoir remercié à haute voix,

ils s'en allaient en me souhaitant toute sorte de
bonheur. Voilà pourtant ces janissaires, qui,
partout où ils vont, portent la terreur avec eux.

## XIX. THÈME.

La vertu est l'unique bien de l'homme; avec
elle, fût-il privé de tout le reste, il est estimable : sans elle, tous les autres avantages ne
mettront pas à couvert du blâme et du mépris.
Il faut à cet égard raisonner de l'homme comme
de toute autre chose. Un bon vaisseau n'est pas
celui qui est richement décoré, dont la proue est
dorée ou argentée ; c'est celui qui est solidement
construit, assez ferme pour résister à la vio-
lence des flots, et facile à mouvoir. Une bonne
épée n'est pas celle dont le fourreau est garni
de pierreries ; c'est celle dont la lame est tran-
chante, dont la pointe peut percer les corps les
plus durs. Ainsi pour apprécier un homme, il
n'est pas question de connaître combien il pos-
sède d'arpens de terre, à quoi montent ses reve-
nus, quel nombre de cliens lui font la cour,
quelle est la richesse du lit où il couche, ou de
la coupe dans laquelle il boit ; il suffit de savoir,
s'il est bon, c'est-à-dire vertueux. Voilà ce que
j'appelle la vertu, l'honneur et l'unique félicité
de l'homme.

## XX. THÈME.

Les jeunes gens, pour l'ordinaire, sont dé-
tournés de l'étude des belles-lettres par la
peine qui y est attachée, et ne pensent point aux
avantages qu'on peut en retirer. Ce sont elles
cependant qui ont fait la gloire des grands
princes, et qui ont perpétué celle des empires les
plus florissans. C'est par elles que les peuples

les plus barbares se sont dépouillés de leur férocité, et ont pris des mœurs douces et sociables. Qu'étaient nos ancêtres les Gaulois belliqueux, dont on nous vante la bravoure? des hommes d'un caractère dur et presque féroce, d'une vertu plus sauvage qu'austère, qui étouffaient souvent jusqu'aux sentimens de tendresse, que la nature inspire aux pères pour leurs enfans. Qu'on voie le changement qui s'est opéré dans leurs descendans depuis François I<sup>er</sup>, le restaurateur des lettres, et je crois qu'on avouera sans peine que notre siècle est véritablement l'âge d'or, qui a succédé au siècle de fer.

---

## XXI. THÈME.

*L'Ane portant du fumier et ensuite des fleurs.*

Un Ane marchait dans les rues, chargé de fumier bien puant: comme tout le monde se retirait de son chemin pour éviter la mauvaise odeur: «Ces gens-là, dit-il, ont du respect pour notre personne, et nous rendent les honneurs qui nous sont dus.» Un autre jour, il revient portant des fleurs dans des pots de terre: plusieurs personnes accoururent aussitôt, attirées par la bonne odeur et par les belles couleurs. Ici mon lourdaud va s'imaginer que c'est pour le voir et pour l'admirer qu'on s'assemble autour de lui.

Tel est l'avantage de la stupidité: elle prend tout en bonne part.

---

## XXII. THÈME.

C'est une belle maxime du prince des poètes de l'ancienne Rome, que tout cède à l'opiniâtreté du travail. Interrogeons la nature ; que nous répond-elle ? cette mère du genre humain, quelle que soit sa tendresse pour l'homme, ne lui donne rien sans travail. Les campagnes se dorent de moissons abondantes ; mais le cultivateur y trace de pénibles sillons. Les arbres se courbent sous le poids agréable des fruits ; mais le jardinier passe l'année entière à les cultiver : une liqueur délicieuse coule du cep de la vigne ; mais le vigneron essuie les ardeurs de l'été et les rigueurs de l'hiver. Examinons les différens états de la société, nous les trouvons soumis à la même loi du travail. Le négociant jouit de richesses immenses ; mais il les a rassemblées des extrémités des deux mondes : le guerrier se repose glorieusement à l'ombre de ses lauriers ; mais il les a cueillis dans les combats, souvent il les a arrosés de son sang.

## XXIII. THÈME.

Représentez-vous deux peuples, l'un poli par les sciences qu'il cultive, et l'autre absolument privé de cet avantage ; ou plutôt comparez nos anciens Gaulois, ignorans et grossiers, avec les Français de nos jours. Quel langage barbare dans les premiers ! quel air sauvage dans leur intérieur ! quelle férocité dans leurs mœurs ! Mais dans les seconds quelle politesse ! quelle douceur ! quel air brillant ! Les uns, simples et francs, se ressentaient de l'ancienne barbarie des Scythes, dont on les croit descendus ; les autres ont conservé, il est vrai, la même franchise ; mais à la place de ces mœurs grossières, nous avons substitué tous les genres d'urbanité : enfin on aperçoit à peine chez les Gaulois quelques traits ébauchés des vertus civiles, et chez les Français on en voit des tableaux finis.

## XXIV. THÈME.

Je me sens transporté en esprit au milieu de l'ancienne Grèce, où l'on rendait autrefois à la poésie des honneurs qui paraîtraient excessifs, si le plus beau des arts pouvait jamais être trop honoré. Je vois des statues érigées aux dépens du public, aux grands poètes comme aux grands généraux. J'entends les places publiques, les théâtres, les temples retentir de leurs éloges et de leurs vers. Ici, sept villes fameuses se disputent l'honneur d'avoir donné naissance à un poète; là, un peuple dans la douleur, déplore les malheurs de la guerre, et il regrette, non l'élite de sa jeunesse, mais le plus illustre de ses poètes, que le fer a moissonné; et au milieu de la calamité publique, il semble qu'il ne pleure que cette perte. En un mot, de quelque côté que je tourne les yeux, je vois les poètes chéris des rois, Anacréon de Polycrate, Simonide d'Hiéron, Euripide d'Archelaüs; je les vois, malgré l'obscurité de leur naissance, admis à la plus intime familiarité des princes.

## XXV. THÈME.

Qu'est-ce que l'apologue? c'est un récit qui s'enveloppe sous une allégorie ordinairement plaisante, pour corriger les hommes. L'agréable, l'utile, quoique d'une nature tout à fait opposée, s'y trouvent tellement réunis, qu'ils se prêtent l'un à l'autre un éclat et un appui mutuel. Quel était le but des anciens fabulistes, lorsqu'ils ont imaginé tant de fictions ingénieuses? croyez-vous qu'ils voulussent seulement charmer les oreilles, par les sons flatteurs d'une vaine har-

monie? non sans doute : ils voulaient que les
méchans vissent dans ces images leurs difformités
comme dans un miroir. Pourquoi nous ont-ils
remis si souvent sous les yeux la voracité du
lion et du loup, si ce n'est pour nous inspirer
l'horreur de l'injustice ? la ruse et la finesse du
Renard et du Singe, sinon pour nous apprendre
à fuir jusqu'à l'ombre de l'artifice et du déguise-
ment? Pourquoi enfin, dans les autres animaux,
loue-t-on l'adresse des uns et condamne-t-on la
stupidité des autres? n'est-ce pas afin qu'à leur
exemple nous évitions ce qui est honteux, et
que nous imitions ce qui est honnête ?

---

## XXVI. THÈME.

### ( Suite du précédent. )

Il n'est donc pas étonnant que, dans les occasions les plus importantes, l'apologue ait eu
le pouvoir de calmer ou de remuer les esprits
avec tant de succès. En effet, les hommes sont
naturellement avides de plaisir, et c'est par le
plaisir que l'apologue séduit les hommes. Le
peuple s'était autrefois retiré de Rome, indigné
de ce que les richesses, le commandement, les
faisceaux étaient pour les seuls patriciens; tandis que les plébéiens, comme de vils esclaves,
n'avaient en partage que les travaux, les im-
pôts, les fatigues de la guerre. La sédition avait
éclaté, et l'on ne voyait aucun moyen de rame-
ner le peuple, s'il n'y était contraint par une
force inconnue. Orateurs, philosophes, vos efforts eussent été impuissans; c'en était fait de la
république la plus grande, la plus florissante de
toutes. Déchirée par des factions funestes, elle
allait périr, sans un citoyen, qui, employant
l'apologue, obtint plus, par un conte amusant,

que n'aurait pu faire un autre Périclès, par les
foudres et les éclairs de son éloquence.

---

## XXVII. THÈME.

Parmi les vices nombreux qui attaquent d'ordinaire et corrompent les hommes, il n'en est
point, à mon avis, de plus commun et de plus
naturel que l'orgueil. Les autres vices se con-
tractent presque toujours par l'exemple, se for-
tifient par l'habitude, et sont comme l'apanage
de certains âges, de certaines conditions. L'orgueil semble naître et croître avec nous : il n'est
personne, quelle que soit l'obscurité de son
état, qui ne laisse paraître quelques traces de ce
défaut. Mais si la noblesse de l'extraction et
l'éclat des honneurs viennent fomenter la dis-
position que les hommes ont naturellement
pour un pareil vice, le mauvais germe acquiert
alors un développement si considérable, qu'il
semble, je ne dis pas seulement étonnant, mais
même merveilleux de voir réunie dans la même
personne, une grande modestie avec la splendeur d'une brillante fortune. De nos jours surtout, où le relâchement des mœurs est porté à
un si haut degré, où trouver dans cette fange
impure d'un âge corrompu, un homme qui offre
en lui ces deux avantages assez heureusement
combinés pour que sa modestie n'ôte rien à l'é-
clat de sa fortune, et que réciproquement l'é-
clat de sa fortune ne lui fasse rien perdre de sa
modestie ?

---

## XXVIII. THÈME.

Dans la Grèce, tant qu'on se proposa les
grands orateurs pour modèles, le goût de la vé

ritable éloquence se conserva dans toute sa pu-
reté; mais quand, après leur mort, on eut commencé à les perdre insensiblement de vue, une
éloquence d'un nouveau genre, plus parée et
plus embellie, succéda à l'ancienne et la fit
bientôt disparaître. Ce fut Démétrius de Pha-
lère qui causa ce changement. Cet orateur, dis-
ciple de Théophraste, avait pris sous lui un
style orné, fleuri et élégant; il excellait dans
ce genre d'écrire fort capable d'éblouir, et de
faire illusion à l'esprit; et comme l'unique but
de Démétrius, en parlant aux Athéniens, était
de leur plaire, sa manière de haranguer, qui
était toujours applaudie, devint bientôt la rè-
gle du goût public. On ne connut plus d'autre
langage dans le barreau et dans les écoles de
rhétorique. Le mauvais goût passa rapidement
dans les provinces, où il fit de plus grands
progrès encore. La perte de la liberté acheva
celle de l'éloquence.

---

## XXIX. THÈME.

Pompée avait heureusement terminé la guerre
des esclaves; il avait achevé de détruire les pira-
tes qui infestaient les mers depuis long-temps; sa
valeur avait porté l'empire romain à un tel degré de puissance et de grandeur, qu'il semblait
ne pouvoir s'étendre plus loin, et qu'il n'y
avait plus ni prince ni nation étrangère qui
ôsat rien entreprendre contre un peuple devenu
le maître de l'univers. Mais pendant qu'il re-
culait ainsi les limites de l'empire, au-dedans
se formait la plus dangereuse comme la plus
horrible des conspirations. Catilina, Lentulus,
Céthégus et plusieurs autres sénateurs, qui s'é-
taient associé tout ce qu'il y avait à Rome de
citoyens corrompus et criblés de dettes, mi-

rent la république presque à deux doigts de sa perte. Le projet des conjurés était d'égorger le consul Cicéron, de piller et d'incendier la ville, de massacrer tous les citoyens, et de faire de Rome un monceau de ruines. Grâce à la vigilance, à la sagesse et aux mesures rigoureuses prises par le consul, cet horrible projet échoua. Forcé de s'exiler de Rome, qu'il avait regardée comme sa proie, et qu'il n'abandonnait qu'à regret, Catilina se réfugia vers l'armée, que quelques-uns de ses complices avaient rassemblée par ses ordres. Lentulus et les principaux conjurés furent mis à mort, et Pétréius, lieutenant du proconsul Antoine, défit Catilina qui fut trouvé mort sur le champ de bataille.

---

## XXX. THÈME.

L'ambition, ce désir insatiable de s'élever au-dessus et sur les ruines même des autres, ce ver qui pique le cœur et ne le laisse jamais tranquille, cette passion qui est le grand ressort des intrigues et de toutes les agitations des cours, qui forme les révolutions des États, et qui donne tous les jours à l'univers de nouveaux spectacles, cette passion qui ose tout et à laquelle rien ne coûte, est un vice encore plus pernicieux aux empires que la paresse même. Déjà il rend malheureux celui qui en est possédé. L'ambitieux ne jouit de rien, ni de la gloire, il la trouve obscure; ni de ses places, il veut monter plus haut; ni de sa prospérité, il sèche et dépérit au milieu de son abondance; ni des hommages qu'on lui rend, ils sont empoisonnés par ceux qu'il est obligé de rendre lui-même; ni de sa faveur, elle devient amère, dès qu'il faut la partager avec des concurrens; ni de son repos, il est malheureux, à mesure qu'il est obligé d'être plus tranquille. C'est un Aman, souvent l'objet des désirs et de l'envie publique, et qu'un seul honneur refusé à son excessive autorité rend insupportable à lui-même.

---

## XXXI. THÈME.

Les vices et les vertus des hommes du commun meurent avec eux, leur mémoire périt avec leur personne. Mais les princes et les grands sont de tous les siècles; leur vie liée avec les événemens publics, passe avec eux d'âge en âge; leurs passions, ou conservées dans des monumens publics, ou immortalisées dans nos histoires, ou chantées par une poésie lascive, iront encore préparer des pièges à la dernière postérité. Le monde est encore plein d'écrits pernicieux qui ont transmis jusqu'à nous l'histoire de leurs désordres. Leurs exemples leur survivent, et prêcheront encore le vice ou la vertu à nos plus reculés neveux.

---

## XXXII THÈME.

Gonzalès, gouverneur de Milan, voulant se rendre maître d'un village du Palatinat, qui était entouré de murailles, envoya pour cette expédition un officier à la tête de quelques troupes. A l'approche de l'ennemi, les habitans se retirèrent, et laissèrent dans le village environ vingt paysans. Parmi eux se trouvait un berger, qui, ne manquant ni d'esprit ni de courage, se hâta de fermer les portes et de hausser le pont-levis, comme s'il eût dessein de faire une vigoureuse résistance. Cependant un héraut de l'armée ennemie s'avança, et, avec toutes les formalités or-

dinaires, somma les habitans de se rendre. Le petit nombre de gens qui étaient restés dans la
place, s'enfuit par une poterne, et le berger
resta seul avec sa femme : alors cet homme, fei-
gnant de représenter la garnison, donna au-
dience au héraut et fit un traité par lequel il fut
décidé surtout que la place serait épargnée.
Qu'on juge de la surprise des Espagnols, lorsque, entrés dans le village, ils ne trouvèrent que
le berger. Celui-ci eut cependant l'art de garder
son sérieux, et au bout de quelques jours, il alla
prier Gonzalès d'être le parrain de son enfant.
Le fier Castillan, qui avait beaucoup ri de son
stratagême, ne voulut point le refuser; il fit
même à sa femme des présens magnifiques.

## XXXIII. THÈME.

Quel est donc ce poison subtil caché sous l'é-
clat du luxe et sous l'amorce des délices, capable d'énerver en même temps et toutes les forces du corps et toute la vigueur de l'ame ? il
n'est pas difficile d'en comprendre la raison.
Des hommes accoutumés à une vie molle et sen-
suelle, sont-ils bien propres à soutenir les fatigues et les travaux de la guerre, à supporter les
rigueurs des saisons, la faim, la soif, la priva-
tion du sommeil; à mener une vie toute d'action
et de mouvement; enfin à s'élever au-dessus de
la mort même ? L'effet naturel des délices et
d'une vie voluptueuse, suites inséparables du
luxe, est de rendre les hommes dépendans de
mille faux besoins, de mille commodités et su-
perfluités dont ils ne peuvent plus se passer, et
de les attacher à la vie par mille liens secrets,
qui, étouffant en eux les grands motifs de gloire
et d'amour pour la patrie, les rendent plus ti-

mides, et les empêchent de s'exposer à des dangers qui peuvent en un moment leur enlever tout ce qui fait leur félicité.

---

## XXXIV. THÈME.

Quoique Auguste, le plus habile des tyrans, se fût associé le fils de Cicéron au consulat, on voyait qu'il cherchait à couvrir ses fureurs passées du masque des vertus; sa feinte modération était toujours suspecte. Plutarque nous a conservé un trait qui prouvera combien on craignait de réveiller le souvenir d'un nom cher aux vrais Romains. Auguste était entré inopinément dans la chambre d'un de ses neveux, et s'apercevant que le jeune homme cachait dans sa robe un livre, il voulut le voir : c'était un ouvrage de Cicéron. Il en lut une partie, puis rendant le livre : « C'était, dit-il, un savant homme, et qui aimait fort sa patrie. » Personne n'eût osé en dire autant devant Auguste.

---

## XXXV. THÈME.

On ne saurait croire combien les poésies d'Homère étaient estimées dans la Grèce. On les regardait comme l'ouvrage le plus parfait qui fût jamais sorti de la main des hommes. C'était le livre des rois, des magistrats, des citoyens, des savans, des ignorans, enfin le livre de tous les âges, de toutes les conditions. Les princes y apprenaient à maintenir entre eux la paix et la bonne intelligence ; les magistrats à rendre exactement la justice ; les citoyens à aimer la république : c'était pour les savans une source inépuisable de toutes sortes de connaissances; les ignorans y trouvaient les instructions les

plus salutaires ; les hommes vertueux ne man-
quaient pas de préceptes propres à les affermir
dans la vertu , ni les méchans de sages maximes
qui, cachées sous le voile des fables , devaient
les retirer du vice. Il traçait aux jeunes gens
le chemin qui conduit à là véritable gloire ;
il apprenait aux vieillards à aider les jeunes gens
de leurs conseils , et à ne point leur montrer un
visage trop sévère, plus propre à les éloigner qu'à
les attirer : en un mot, toutes les conditions y
trouvaient tous leurs devoirs exactement tra-
cés, et toutes les vertus y recevaient des éloges.
On rapporte qu'Alcibiade , cet Athénien si fameux par ses prospérités et par ses malheurs,
étant entré un jour dans une école à Athènes,
et n'y ayant pas trouvé d'Homère, donna publi-
quement un soufflet au maître. Ce trait peut ser-
vir de leçon à ceux qui n'ont que du dédain et
du mépris pour ce grand poète.

# TROISIÈME PARTIE.

## VERS LATINS.

### I. MATIÈRE.

*De veteri Athenarum gloria.*

Quis, nunc Athenarum incola, possit urbem hanc lustrare, immemor priscæ laudis? Mens honores antiquos contemplatur. Quis enim queat Miltiadem jacentem calcare, qui non pugnam Marathoniam sibi fingat animo? Quid profuit Thrasybulo pepulisse e patria triginta tyrannos?... At illic mens grato detinetur spectaculo. Quis sole cadente diutius urbem miretur? non, ut regionibus hyperboreis, astri igniferi obscuratur nitor; diffundit Athenis radios: credideris aurum sparsum in fluctibus. Hic etiam, quamvis Phœbi jaceant altaria, cursum ille videtur retinere: et, quum iter peregit, decorat dumeta purpureo amictu, dum nox surgat. Olim sol pallidior Athenas respexit, quum vir sapientissimus bibit venenum. Quanta sollicitudine diem metuere cadentem comites! At sapiens interritus vidit supremam horam: «Sol fulget adhuc, inquit, non tempus, amici, mihi ultimum valedicere. »

### II. MATIÈRE.

*Sylla aux Romains en abdiquant le pouvoir.*

Romains! je vous dois, et je me dois à moi-même de rendre compte de ma conduite.

* 3

J'ai subjugué les peuples de l'Epire, ceux du Bosphore et du Pont; j'ai chassé les rois de la Libye : Jugurtha et Mithridate sont tombés.

Les dissensions civiles déchiraient la patrie; je la sauvai en me faisant dictateur : si l'on peut me reprocher des violences, des cruautés même, ce fut pour vous forcer d'obéir aux lois.

Aujourd'hui, je rejette le pouvoir que les circonstances m'avaient contraint d'usurper. J'ai commandé sans crainte, c'est aussi sans crainte que j'abdique.

------

### III. MATIÈRE.

*L'Imagination.* Allégorie.

Messagère rapide, l'imagination effleure les objets, et bientôt réunissant ces tableaux divers, elle peut reproduire le monde entier; souvent elle se dérobe au présent et au réel, pour se jeter dans l'avenir et dans un univers tout nouveau.

Ainsi que nos plaisirs, l'imagination accroît nos douleurs.

Dans le sommeil, elle présente au héros des lauriers, un carquois, des coursiers, des chars, à l'esprit de la jeunesse; dans des rêves vengeurs, elle effraie les tyrans.

------

### IV. MATIÈRE.

*Amicitiæ laudes.*

Nec melius quidquam, nec dulcius quam sinceros habere constantesque amicos. In adversis rebus, munimen potens amici : solantur, animum firmant; tecum dolent, queruntur tecum. Quum vero te sereno Fortuna vultu spectavit, tecum gaudent, voluptates tecum percipiunt;

sed nisi inter bonos, virtutisque cultores, firma
esse nequit amicitia.

---

## V. MATIÈRE.

### Carthage.

Hæccine Carthago, terrarum orbis regina, potens armis, Romæ æmula! Hostis hujus arces
habet; sanguine madet terra, flammæ ad sidera
volvuntur; amens mater volat per ignes, tela-
que; parentum ante ora pereunt nati.

Memores cladium Romani Pœnos mactare gaudent, signa tabulasque delere, ædes diripere sa-
cras : mox jacent tot triumphis clara mœnia.

---

## VI. MATIÈRE.

### Le pont entre Massa et Lavinza, en Italie.

Et mes pas fatigués sur le pont s'arrêtèrent,
Et mes yeux enchantés vers les flots se penchèrent,
Tandis qu'un doux murmure, à travers les ar-
      ceaux,
Faisait rêver mon ame, et charmait mon repos.
Ces arches avaient vu, vieux témoins d'un autre
      âge,
Les siècles dans leur cours, passer comme des flots,
Et sur leur flanc miné, la liane sauvage,
Abaissait comme moi sa tête sur les eaux.
On voyait d'un côté, sur le mur en ruines
Le superbe écusson d'un roi puissant jadis;
Et d'un palais tombé les imposans débris,
Disaient quelle splendeur couronna ces collines.
De plus chrétiennes mains avaient, sur l'autre
      bord,
Consacré des pêcheurs la patronne immortelle;

Ses bras portaient le Dieu qui voulut naître d'elle,
Et sauva les humains rachetés par sa mort.

---

## VII. MATIÈRE.

### *Chant de Tyrtée.*

Il est beau qu'un guerrier meure pour sa patrie; mais fuir ses foyers, ses champs, aller mendier chez l'étranger une pitié stérile, c'est le plus grand des maux. L'homme qui fuit, n'obtient que des outrages : en vain montre-t-il les images de ses aïeux, un sang dégénéré n'attire pas le respect.

Mes amis, combattons; mourons pour la patrie.

Guerriers à la fleur de l'âge, laisserez-vous à nos vieux défenseurs le soin de nous défendre encore?

---

## VIII. MATIÈRE.

### *Passage du Granique.*

Fluminis ora pubes emicat Macedonia ; fluctus jam insilit per medios. Pars natat amne; capiti supereminet clypeus; alii tenent gladios ore; multo omnes conamine propter saxa hinc inde aspera emergunt.

Qui tandem primus tellure potitus, sociis succurrit; subito medios in hostes irrumpit Alexander : Persæ subeunt certamen. Ecce autem regem Æmathium unus ex hostibus agnovit, invaditque; Clytus advolat, mortique instanti heros eripitur.

---

## IX. MATIÈRE.

La reconnaissance a fait les premières apothéoses.

## X. MATIÈRE.

### *Eloge du commerce.*

Ciel et terre, nuages et fontaines, tout est échange, tout est commerce. Le firmament d'hier était fermé de longs rideaux de pourpre ; où sont-ils ? allez les chercher dans les flots de la rivière limpide : de ses ondes vont naître la fraîcheur des champs, etc.

Il y a commerce entre le nuage et le fleuve, échange entre le fleuve et la terre. Rompez cette harmonie ; les monts se couronneront-ils de feuillage ? Tout périra. Enfans de l'industrie, que votre espoir se relève. Les puissances du mal disparaissent ; la voix du commerce retentit sur les mers : « Toutes les terres, toutes les ondes sont à moi, dit-il ; partout j'irai porter la civilisation et la paix. »

## XI. MATIÈRE.

### *Une nuit de printemps.*

Le ciel est pur, la lune est sans nuage :
Déjà la nuit aux calices des fleurs
Verse la perle et l'ambre de ses pleurs;
Aucun zéphir n'agite le feuillage.
Sous un berceau tranquillement assis
Où le lilas flotte et pend sur ma tête,
Je sens couler mes pensers rafraîchis,
Dans les parfums que la nature apprête.
Des bois, dont l'ombre en ces prés blanchissans
Avec lenteur se dessine et repose,
Deux rossignols, jaloux de leurs accens,
Vont tour à tour réveiller le printemps,
Qui sommeillait sous ces touffes de rose.
Mélodieux, solitaire Ségrais,

Jusqu'à mon cœur vous portez votre paix !
Des prés aussi traversant le silence,
J'entends au loin, vers ce riant séjour,
La voix du chien qui gronde, et veille autour
De l'humble toit qu'habite l'innocence.
Mais quoi ! déjà, belle nuit, je te perds !
Parmi les cieux, à l'aurore entr'ouverts,
Phœbé n'a plus que des clartés mourantes;
Et le Zéphir, en rasant le verger
De l'Orient, avec un bruit léger
Se vient poser sur ces tiges tremblantes.

(Chateaubriand).

## XII. MATIÈRE.

*Plaintes d'Eve lorsqu'elle quitte le Paradis.*

Ergo tua, Eden, linquere vireta cogor, fortunataque nemora, tristi æternoque damnata exsilio : sic Deo visum est. Hanc delicti pœnam luimus. Non hic implebimus concessos dies admisso scelere ingratos ; terra morituros habebit. Nec tantum beata sede carebimus, florumque et fontium et perpetui graminis spectaculo : delapsos in humilem terram torquebit angor consciæ mentis, et errantes aget fero tumultu. Infelix conjux, ego tibi exsilii auctor; ego te perdidi, propter me, patrium solum et dulces campos relinquis, invisus Deo ! Innumeros etiam patientur innocui posteri dolores : hæc unius culpa; exsecrabuntur primam parentem, et longa mihi paratur, vel post fata, in terris pœna.

## XIII. MATIÈRE.

*Mort d'un berger au milieu des neiges.*

Horret malo externatus pastor, dum tumulos ignotos late assurgentes prospicit ; e colle ad

vallem descendit ; et itinere magis ac magis de-
errat. Domus recordatio paululum vires exstinc-
tas resuscitat. Sed ut mens desperatione frangi-
tur, quum, pro tuguri culmine, quod se ex longinquo videre existimabat, reperit solummodo
ingentes nivium acervos, nec ullam, qua patet
aspectus, hominum habitationem. Interea im-
mugit tempestas, augetque formidinem, et animum mille mortis imaginibus horrificat. Subit
insuper suorum cogitatio, moriturum novis acer-
bitatibus dilacerans. Frustra uxor, officiosa cre-
dulitate, ignem tepidasque vestes præparat,
natique lacrimantes immensam agrorum planitiem anxio lumine circumspectant. Heu! nec
uxorem, nec dulces natos amplius videbit, nec
sacram domum! Omnes infelicis nervos tremen-
dum frigus contrahit, vitalem sensum aufert,
et in nive rigidum cadaver extendit.

## XIV. MATIÈRE.

### Le gladiateur mourant dans l'arène.

Je vois le gladiateur étendu devant moi; il
s'appuie sur sa main.

Son mâle regard consent à mourir.....; sa tête
s'affaisse insensiblement vers la terre.....

Les dernières gouttes de son sang s'échap-
pent lentement de sa blessure; ses yeux se trou-
blent; il voit nager autour de lui ce grand théâtre, et tout ce peuple : il meurt, et l'acclama-
tion retentit encore saluant son vainqueur.

Ses dernières pensées sont bien loin ! il songe
à sa hutte sauvage, adossée à un rocher sur le
bord du Danube. Tandis qu'il meurt, ses enfans jouent entre eux...

Mourra-t-il sans vengeance?... Levez-vous,
peuples de la Germanie.

( Lord Byron. Childe Harold. )

## XV. MATIÈRE.

*Jupiter Psychen alloquitur.*

« Ecce tandem , o filia , o pars melior humanæ gentis , ecce diuturnis laboribus et periculis spectata, in patriam tuam et cognatum cœlum triumphans reverteris. Satis superque gravissimum experta vitæ rudimentum , avia loca , et tempestates , et monstra non horruisti ; quin etiam in inferos ausa descendere, et cum morte luctari. Omnia , dum te cœlestis amor tuetur , atque ipsa vicisti Tartara. Nunc , circumspice, tibi ob fortitudinem et constantiam divina gratulatur cohors. Te carminibus Apollo et Musæ, te Pan agresti calamo, te Gratiæ choreis salutant. Te Venus ipsa dignam æthereis nuptiis agnoscit. Ingredere igitur , Psyche! Jam nunc Olympo decus novum addita : subjectæ sub pedibus terræ meminisse noli , nisi ut miseris etiam per incerta rerum errantibus opem feras ; et ne quid divinitati desit, sume ab ipso Jove porrectum ambrosiæ poculum : immortalis esto. »

## XVI. MATIÈRE.

*Virginius natam interficit.*

Ubi nihil preces , nihil jura posse vidit infelix pater, ira ardens et dolore victus, natam dedecori subducere honesta morte cogitat. Talia versanti cultrum fors objicit, quem arripiens : « Quando , inquit , tibi vincula et opprobrium parantur, extremum hoc patris munus habebis : libera et pudica morieris. » Dixit, et puellæ pectus ferro transadegit. Ferrum excipit non invita virgo , caditque exanimis.

## XVII. MATIÈRE.

*Hominis vestigia Robinson invenit.*

Robinson, post naufragium, procul a patria in littore deserto exercens ingenium, nunc telluri sulcos infindebat, nunc retia tendebat capris per alta nemora. Dum tali labore fessus domum redibat, prædam secum asportans, primum hominis vestigia apparent ante oculos : ad aspectum pavet ; ossa subit tremor : hæret fixus humi, plantæ contemplator. Jam credit adesse feros homines minaci vultu, qui misero corpus dilanient unguibus, dente vorent. Lumina circumfert, cymbam forte visurus. Terrent nunc saxa, terrent omnes auræ ; et velut instante ferro hostili fugit.

## XVIII. MATIÈRE.

*Attila Roma fugiens.*

Dum late furit ignis rure suburbano, ecce Romæ prope mœnia fremit Attila, et spumantem avertit equum ; quippe gladios neci paratos aspicit. Cucurrit per ossa tremor ; fremit quadrupes ipse, seque tollit arrectum. Eodem omnes aguntur metu, et, tanquam rex, toto fugit miles æquore. Romanis non jam parat excidium hostis barbarus, sed timet arma animosque, et urbem ingenti defensam auxilio deserit.

## XIX. MATIÈRE.

*Le nid de l'Hirondelle.*

O toi qui follement fais ton dieu du hasard,
Viens me développer ce nid qu'avec tant d'art,

Au même ordre toujours architecte fidèle,
A l'aide de son bec façonne l'hirondelle.
Comment, pour élever ce hardi bâtiment,
A-t-elle, en le broyant, arrondi son ciment?
Et pourquoi ces oiseaux, si remplis de prudence,
Ont-ils de leurs enfans su prévoir la naissance?
Que de berceaux pour eux aux arbres suspendus,
Sur le plus doux coton que de lits étendus!
Le père vole au loin, cherchant, dans la cam-
    pagne,
Des vivres qu'il apporte à sa chère compagne.
Et la tranquille mère, attendant son retour,
Echauffe dans son sein le fruit de leur amour.
Des ennemis souvent il repousse la rage,
Et dans de faibles corps s'allume un grand cou-
    rage.    (Racine fils, *poème de la Religion.*)

( *La suite au* n°. xxi. )

---

## XX. MATIÈRE.

*Suæciæ liberator Gustavus.*

Per silvas montesque fugiebat multa putans,
dum contra regem Danorum Suæciæ libertatem
armis quæreret. Solus errat per noctem, fessum-
que et paupere exceptum casa nuncius contristat
periisse patrem. Quid faciet? quibus armis patriæ
oppressorem, patris exstinctorem obruet? Talia
volvens animo, jam tetigit fines ad quos Dale-
carlia porrigitur. Forte die festa, populo frequenti nomen consiliaque detegit. Omnibus ac-
cendunt animos tot infortunia, virtusque tanta.
Quos ubi vidit paratos ad prælium pro libertate : «Cives, venit finis servitii; vindictæque
initium. Sera victi tyranni morte civium funera manesque patris pientur. Resurgat Suæcia
libera.»

## XXI. MATIÈRE.

(Suite du n°. xix.)

*Sur les oiseaux.*

Si chèrement aimés, leurs nourrissons un jour
Aux fils qui naîtront d'eux rendront le même
    amour ;
Quand des nouveaux zéphirs l'haleine fortunée
Allumera pour eux le flambeau d'hyménée,
Fidèlement unis par de si tendres liens,
Ils rempliront les airs de nouveaux citoyens :
Innombrable famille, où bientôt tant de frères
Ne reconnaîtront plus leurs aïeux ni leurs pères.
Ceux qui de nos hivers redoutant le courroux,
Vont se réfugier dans des climats plus doux,
Ne laisseront jamais la saison rigoureuse,
Surprendre parmi nous leur troupe paresseuse.
Dans un sage conseil, par les chefs assemblé,
Du départ général le grand jour est réglé.
Il arrive ; tout part. Le plus jeune peut-être
Demande, en regardant le lieu qui l'a vu naître,
Quand viendra ce printemps, par qui tant
    d'exilés
Dans les champs paternels se verront rappelés.

---

## XXII. MATIÈRE.

*Robertus ad vitam revocatus.*

Venenata ictus sagitta, instantique morti
devotus jacebat Robertus. Spes opis et salutis
nulla, nisi quis propere se devoveat, et virus
mortiferum lingua exsugat. «Ah ! melius pe-
ream ! exclamat princeps, nec tali pretio vivam ! »
Dum altissimo jacet oppressus somno, conjux

tacite accedens, os vulneri affigit, totoque avida spiritu venenum trahit. Invitus princeps convalescit, vitamque morte uxoris redemptam luget insolabiliter.

***

## XXIII. MATIÈRE.

### *Sommeil de Néron.*

Nocte intempesta Neronem et aulam sopor altus habebat. Sed nocenti supra caput sunt furiæ scelerum. Excutitur repente somno, vocarique putans. Scilicet agnovit præsentes quos misit ad Tartara. Accipit hæc, omen mortis futuræ; leniturque animus parumper. Redeunt memori animo anni juveniles : nullus tunc hostis ferrive timor. Sic animo tyranni furor additus : « quoniam circumstant meorum odia, meorum sim dignior odiis usque ! »

***

## XXIV. MATIÈRE.

### *Fidélité d'un chien.*

Tyranni jussu conjicitur in vincula Sabinus; carceris fores noctu diuque illius canis obsidet; necquidquam ab immiti lictore arcetur : redit semper, adversus minas et verbera egregie contumax. Educitur e carcere Sabinus morte damnatus, et in Tiberim projiciendus. Verum catenis oneratum sequitur triste ululans canis. Oculos retro vertentem Sabinum irrident feri lictores, et gradum accelerare jubent. Pedibus et manibus ligatis, in flumen dejicitur. Protinus in aquas præcipitem se mittit canis; herile corpus dentibus correptum sublevat, et ad ripam totis viribus trahere enititur. Exhaustis viribus, in aquis cum domino immergitur.

## XXV. MATIÈRE.

*Mors Suenonis et Florinæ.*

Littore hyperboreo et glacialibus Daniæ oris, sacrum ad bellum properabat juvenis Sueno, regia soboles. Euntem sequitur fido religionis simul et amoris vinculo sociata Florina, regius quoque sanguis, desponsam Suenoni manum captæ intra mœnia Solymæ oblatura. Jam venerant in fauces Cappadocum, quum subito fama est adventare hostem numero longe superiorem. Florinam Sueno, Suenonem Florina repente intuetur, palletque uterque simul. At virtus superat, vaduntque in hostem, certi aut victoriam aut cum morte gloriosum in cœlo sibi parare connubium. Innumeras Turcarum copias ferocemque Solimani impetum diu sustinuit Christiadum fortitudo. At vincit tandem numerus, stratisque suorum acervis circumdati Sueno et Florina jam soli supersunt. Septem sagittis transfixa virgo etiamnum pugnat, dilectoque amantis ab capite ingruentes ictus avertit. Sueno, indomitus velut leo, et ipse luctatur, mortesque mortibus cumulat, soli Florinæ intentus. Cadit tandem infelix, at valida Solimani dextra percussus. Cadentem jam ultura ruit conjux; sed vires deficiunt, exanimemque super amantem moriens procumbit.

## XXVI. MATIÈRE.

*Marie-Thérèse en Hongrie.*

Austriæ fractis opibus, Maria relinquens solium, hinc illinc erravit cum nato implorans auxilium. Miseram deseruere fortunæ comites

antea secundæ. Tandem pervenit in Hungariam
regina, vocatque concilium. Conveniunt, quo s
cumque virtus bellica et amor principis per bella
sæpe rapuere. Tum mater natum populo osten-
dens : « En, ait, Hungarici, vestrorum regum
soboles; accipite, paternaque in regna remit-
tite. » Simul armorum fremitus : « Moriamur,
exclamant, pro nostro rege Maria-Theresa. »

## XXVII. MATIÈRE.

### Combat des Bithyniens et des Pergaméens.

Duæ classes, una bithynis instructa militibus, altera pergameis, concurrunt. Jaciuntur
tela, sed non utrimque : nam pro telis vasa ficti-
lia jaculantur Bithyni. Quod ubi vident Perga-
mei, multis dicteriis hostem incessunt : « Ebriorum hæc sunt missilia, non bellatorum! Mittite
saltem lagenas, quibus accensum pugnando sitis ardorem restinguamus. » Sed e testarum frag-
mentis erumpunt innumeri serpentes : scatent
monstris naves. Alia transtris insiliunt; alia pu-
gnantum pedes amplectuntur; nec fas loco moveri, quin venenatus surgat hostis. Ergo Perga-
mei cedunt hostibus.

## XXVIII. MATIÈRE.

### Ruse d'Annibal.

Fabius clauserat Annibalem cinctum montibus nemorosis et corona militum. Fames insta-
bat captis, nec spes ulla fugæ dabatur. Tunc
Pœni mentem novum subit consilium religare
sarmentorum maniplos ad cornua boum, ut dis-
persi jactarent incendia. Nec mora, consilium
exsequitur. Sarmenta cornibus boum accendun-

tur, Illi, stimulante dolore acti, discursu montes implent, cum flamma luctantes frustra cervices jactant, et hærentem pestem excutere conantur. Inde primus horror romanis excubiis, et in varias sententias trahuntur mentes. Dubitant an ardeant tactæ de cœlo silvæ, an rupto terra sinu flammas ultro vomat. Mox pressi terrore, fugiunt omnes; occupat Annibal fauces, et in campum emicat.

---

## XXIX. MATIÈRE.

*Ulysse reconnu de son chien Argus.*

Vectus ab iliacis littoribus per æquora Æolides Ithacam attigerat, et mendici latens sub veste, petebat domum : forte jacebat ante domum languens senio canis quem ipse docuit sectari feras, dum pax in Græcia vigeret. Argo nomen erat; dum membra vigerent, dum feras cursu et viribus vinceret, juvenes adblandicbantur, escasque opimas objiciebant. Sed postquam senectus evenit, cesserunt laudes dapesque. Spretus ipsis servis jacebat. Ecce autem, ubi dominum videt, tollit humo fessum corpus, et amorem mille modis testatur. Ulysses dilectum Argum reminiscitur, et illius dolens sortem, dat lacrimas misero. At cani vitalia vincula nimio lætitiæ sensu solvuntur; ad terram decidit et moritur.

---

## XXX. MATIÈRE.

*Le lévite d'Ephraïm.*

Sub finem noctis, Gabaonitæ domos repetunt, linquentes uxorem hospitis semianimam. Illa, vexata per longam noctem, conatur reptare ad

maritum; sed, in ipso conatu exstincta animam
in limine efflavit. Qua visa, horruit conjux, non
autem in fletus aut querelas erumpit, sed vin-
dictam parat. Cadaver uxoris in partes sectum
misit ad tribus Israël. Omnes ira commoti, in
arma accinguntur. Nec prius fuit bello finis,
quam nefandi cives urbis excidio pœnas luissent.

---

### XXXI. MATIÈRE.

*Description du vol de l'Hirondelle.*

Quis describere verbis possit volatum quem
per totas dies exercet hirundo? Hanc videtur natura finxisse ad volandum, ante alias aves. Illa
enim volando vescitur, bibit, immergitur, et
pullos alit volando. Filiam se et reginam aeris
intelligit. Itaque regnum suum perlustrat in
omnes partes, et interea pipilantem sibi plau-
dere credas. Nunc venatrix insequitur vagas
muscas, quæ frustra tentant illam vitare. Eas
corripit rostro ludens. Nunc levis radit humum
et lacus : modo rapidum accipitrem eludit ;
modo volatum celerat, aut temperat, labyrin-
thum mobilem et fugitivum impediens per trac-
tus æthereos. Interdum se condit inter nubila ;
interdum delabitur. Mox abit ex oculis, ut re-
deat, et novos orbes misceat.

---

### XXXII. MATIÈRE.

*Les glisseurs.*

Hic ubi glacies tenui retegitur nive, audax
turba longam angusto tramite molitur viam. Ecce
juvenis impete facto, obliquo corpore, irruit :
illi propior succedit alter, totumque agmen longo

ordine lubrico volat in itinere. Jam spatium per-
egerunt, redeuntque cursum iteraturi, quum
unus rudem et artis ignarum cernens comitem,
fraudes meditatur. Vix ille dubio pede sese im-
misit; haud mora irruit alter, tardumque urget, et repente pulsu corporis ferit. Ille labitur
necquidquam reluctans : sed qui impulit, corporis objice impeditus, nec impetus compos,
haud tenuit sese, sed pronus ipse concidit in
nive, totumque deinceps agmen, qui post venerant alii super alios volvuntur.

## XXXIII. MATIÈRE.

### Ruines d'Herculanum.

Hospes, quid urbem quæris quæ jam nulla
est? Spectabat enim plebs ludos theatro, quum
cladem nunciavit terræ concussæ mugitus, et cæ-
cum murmur. Omnes statim aufugere : sed necquidquam trepidantes jam turbine fatali invol-
vuntur. Nam furit Veserus, procellaque e terræ
cavernis erumpens, urbem cum civibus absor-
bet. Forte quondam illa exsurget ruinis, monu-
mentaque fossa posteri mirabuntur.

## XXXIV. MATIÈRE.

### Judicium Paridis.

Quum pastor Phrygius sedit in Ida, et litem
dearum diremit, tum parvus Cupido agitabat
aves quæ Venerem trahebant. et matrem bono
esse animo jubebat. Alius illam comebat; alius
vestem purpuream religabat. Illa autem gemens,
natos alloquitur. Indignatur sibi de forma cer-
tandum : « Per tela quæ illis dedit, quæ me-
tuit ipse Jupiter, hortatur ne matri victoriam

excidere patiantur. » Interea Pallas intrabat nemus Idæum, jam ægide deposita, et crinibus comptis et oculis placatis. Parte alia, aderat Juno, conjugio superba Jovis, judicium tamen subitura pastoris. Venus ultima venit. Tunc omnia ambrosio odore diffusa sunt; judex non sustinuit visus deæ; nec jam anceps victoria fuit.

## XXXV. MATIÈRE.

*Mettius Curtius se précipite dans le gouffre.*

Vorago medio foro patefacta Romam terruit. Stabant circum attoniti patres; undique vulgus volvebat saxa, trabes, terram. Quum nihil efficerent, visum est responsa deum petere. Respondet aruspex : « Barathrum nunquam quantavis mole injecta expleri posse; sed immittenda quæ pretiosissima habeant. » Ergo ferunt aurum, gemmas, et quæ stulti mortales mirantur. Hic vero juvenis fortissimus : « Quis error, o cives? vera Romanis bona virtus et arma. Ego satisfaciam numinibus. » Hæc fatus, vultu et manibus advocans superos et inferos deos, urget equum, et se præcipitem immittit. Statim junguntur ripæ.

## XXXVI. MATIÈRE.

*Scholasticorum disputationes.*

Quis fragor inconditus has personat ædes? quæ causa tantos clamores ciet? cur tanto strepitu reboat hoc antrum immane? num intus adsunt Ætnæi fratres Jovi fulmina magno tumultu molientes, aut deo perciti Corybantes illic sua quatiunt tympana? certe corvorum agmen, qui crocitando procellam vocant, aut ranarum turba quæ veteres querelas resonant? falleris : adsunt inter se disputantes philosophi. Ingredere, sodes. Viden ut hic manum minaciter protendens, significet se velle mira loqui, Aristotelis æmulus? ut ille raucam tollens vocem contra, effutiat verba inania, et nugas deridiculas? alter immania reserans volumina, quærit multo sudore unde suam tueatur sententiam. Alter buccam utramque inflans, quasi Stentor, intonat, argumenta argumentis laborans refellere. Quisque et senes et juvenes sua crepant deliria certatim : quis demum vicit hoc certamine? qui pulmonibus optimis valet.

---

## XXXVII. MATIÈRE.

*Theudoricus Symmachi caput e pisce erumpere credit.*

Postquam Symmachi cervix truncata est, tyrannus convivia celebrare cœpit, ut mordaces Falerno curas mergeret; felix si importunam sceleris memoriam possit eludere! Protinus ingentem rhombum apponunt famuli : tum vastum ille os aperit, ut terrorem incutiat. Monstrum aliud oritur; namque de rhombi gutture hominis caput egredi videtur. Rex territus horret, ac ad se paulatim revocatus, et horridum intuens caput : « En Symmachus; sanguineos agnosco vultus! video revulsum caput. Scelus ille meum redarguit! Surgit ultor ab inferis, et ad Orcum me rapit! »

---

## XXXVIII. MATIÈRE.

*Nul cœur n'est inaccessible à la poésie et à la philosophie.*

Si forte recentes a sollicitis vitæ studiis rerumque strepitu in illos incidimus vates oris prope

divini, cognatos cœlo mortales qui altius hominum affectus scrutantur, et exsilium terrestre
dolent, et multo versus fundunt cum gemitu,
patriæque melioris nos admonent : non æquis
primum auribus illos accipimus, nec illorum voces mens admittit, suis æstuans malis et terreno
pondere 'gravior. Mox autem dulce melos animis paulatim illabitur. Sese vel invitis insinuant
vates, nostra vincunt fastidia, et tandem ad su-
blimia secum rapiunt.

Non aliter narrant Polemona in scholam Xe-
nocratis forte intravisse, temulentum et discinc-
tum et capite sertis redimitum, tanquam phi-
losophiæ illudentem. Sed paulatim, loquente
Xenocrate, adolescentulus serta projiciebat,
brachium reducebat intra pallium, habitum ad
modestiam componebat; donec totam denique
luxuriam exuit, et sapientia mentem intravit
penitus.

## XXXIX. MATIÈRE.

*Bacchus fait présent du vin au vieux Falernus.*

Senex Falernus colebat juga Massica. Nullæ
tunc erant illi vites, et sitis aqua levabatur. Bacchus pergens in Hispaniam, apud Falernum di-
versatus est, nec puduit deum intrare pauperem casam. Senex, inscius dei, illum tamen
accepit hospitio amico et frugali mensa, multa
autem sedulitate. Noluit Bacchus carere mercede senem, suumque liquorem hinc abesse. Pocula vino subito impleta sunt, mulctra, et cra-
ter querceus. «Accipe, dixit Bacchus, liquorem
ignotum, quo nomen tuum late celebrabitur.»
Tum deus patuit cum suis insignibus. Falernus,
victus læto sapore iterat pocula, fit ebrius, et
balbutit grates deo ridenti. Tandem somnus illi

clausit lumina. Primo autem mane, Massicus
vestitus erat vitibus.

---

## XL. MATIÈRE.

*Verba Annibalis venenum haurientis.*

« Non ergo satis fudi sanguinis romani, ut
saltem cæsos inter hostes caderem! O degeneres
Romulidæ! scilicet magna laus senem oppugnare
proditum a rege perfido! Non sic egit quondam
Fabricius adversus Pyrrhum. Ultro morere, Annibal. Inter tuas laudes erit virtutem romanam
non superfuisse Annibali. Accipe me, patris
umbra; tibi servavi fidem juratam ad aras. Vos,
dii, testor et vos, Cannæ Alpesque; ad Trebiam,
ad Trasymenum vici; ad ipsam Romam accessi;
ad inferos descendo, semper mei memor. » Sic
fatus, hausit venenum sub gemma latens.

---

## XLI. MATIÈRE.

*Mort de Clorinde.*

Pugnaverant diu noctis umbris obtecti Tancredius et Clorinda, tandemque christiani he-
rois manu Saracena virgo ceciderat; sed cadentis oculis divina lux subito affulsit, victoremque
bellatrix precatur, ut morientem animam sacris
fontibus et nova vita reparet. Haud procul,
montis de vertice fons defluebat. Huc tendit cito
Tancredius, haustaque aqua pium properat of-
ficium. Sed dum armatam igneti hostis frontem
nudat, manus intremit. Clorindam mox agnoscit,
præclusaque voce hæret in oculis. Grande autem
ad ministerium redit animus; pia verba recitat,
caputque sacra unda rite aspergit. Placida pace
frons Clorindæ serenatur; dulci risu perfundi-

tur vultus, mixtis viola liliis jam decolor. Surgunt exstincti cœlestem ad patriam oculi, gelidaque manus pacis in pignus bellatori porrigitur; sicque mortis somno obdormit.

---

## XLII. MATIÈRE.

*Appel à l'hirondelle qui tarde à revenir dans nos climats.*

Huc ades, hirundo, quid cessas? quid nostras oras invisere te piget? accelera, pone metum, fugit hyems cum pruinis, nec frigus adstringit fontes. Nostro procul a cœlo ventus egit nimbos; nunc omnes rident agri, variique colores pingunt. Eia age, tignis suspende nidum; te non offendet Boreas. Zephyrus hic pullos mulcebit. Quid ergo cessas? Te volucres increpitant, pigramque vocant.

---

## XLIII. MATIÈRE.

*Combat de l'ivrogne contre la borne.*

Forte quidam ebrius sera se nocte recipiebat domum. Baccho incaluerant animi. Pugnas cædemque tantum anhelans, alter Quixotius, dum omnes provocat audenter lingua et pedibus titubans, ecce limiti cuidam allidit, pronusque humi sternitur. Statim se humo sublevare debacchari, lapidem provocans, et : «haud inultum feres; agedum, si vir es, gladium expedi!» Ille nihil. Tum noster stricto gladio punctim cæsimque ferit adversarium immobilem, et : « aut referes pedem, ait, aut animam dabis.» Dum lapidem ferro sollicitat, scintilla una aut altera excuditur : «Heus! exclamat noster, iniquum est certamen; nebulo hic sclopetum habet.»

## XLIV. MATIÈRE.

*Guerre d'extermination entre les rats.*

Si quando in desertis ædibus nimium pullu-
larunt, populoque frequenti non suppetit victus, cives in arma fames vocat, et gens omnis
inter se pugnam instruit. Haud mora, signo
dato, concurrunt dente infesto; non laudem,
sed prædam bello quærentes. Dux et hortator
cuique fames et periculum. Nec prius a pugna
desistunt, quam satis multa cæsorum corpora jaceant; unde omnes ventris rabiem solentur. Paci
finem fames affert, bellumque redintegrat, donec
unus, omnibus superstes idem et tumulus, jam
neminem habeat quocum decertet.

## XLV. MATIÈRE.

*Le baromètre.*

Viden' tubum hunc in quo infusus mobilis
liquor alternas experitur vices, modo deprimens
se ad infimam tubi partem, modo ad supremam
se erigens, prout gravis aut levis est aer? Hic
cœli arcana tibi prodit; hic serenos dies aut nu-
bilos denunciat. Si quando liquor assurgens alta
petit, tunc silent venti, puraque et tranquilla ridet cœli facies, tunc nihil metuens ab imbre co-
lonus, potest agris messorem inducere, et Cere-
ris dona horreis fundere. Tunc viator impune
se credet viæ, aut nauta placidum maris æquor
remo sollicitabit. At si descendit liquor, tunc
venti sibilare, furere tempestas, imbres ruere.
Heu! male tunc falcem supones aristis, aut
navem committes pelago : contine te domi.

## XLVI. MATIÈRE.

*L'homme au retour d'un long voyage sur mer.*

Quam dulcia fluunt verba viri qui, longis erroribus jactatus, multos pertulit casus antequam patriæ oras posset revisere! ad genialem sedens mensam inter suos, dum foris bacchantur venti, et imber crepitat, ipse præterita securus pericula enarrat. Me juvat labores vitæ dicentem audire est dulcibus oculos solvere lacrimis; nam pocula et lætas dapes non dedecent lacrimæ. Utile est humanæ sortis casus revolvere animo, et reputare mala quæ mortalibus plurima addunt dii. Hinc enim, deorum memor, animus discit misericordiam, et rebus prosperis non effertur.

## XLVII. MATIÈRE.

*Infausta vatum clarissimorum fata.*

Quis non miretur dona ingenii fere semper cum ærumnis et luctu fuisse conjuncta? Orbatus lumine mendicat Homerus; felix quidem Virgilius, quod ipsi contigit Augustus : infelix vero quod integra ætate ingens opus non absolvit. Quid memorem Ovidium, Scythico sub cœlo lugentem? Lucanum interficit tyrannus. Indigno carcere languet Tassus, et serus priusquam triumphus longam eluat injuriam, in conspectu Capitolii victor moritur. Camoenta, qui cœptis ingentibus ingentia carmina æquavit, consumit egestas.

Luges audiendo tantorum fata virorum ; at illis consuluit ipsa Fortunæ injuria. Majus ab ærumnis nomen in ora posterorum venit; qualis sol, diu nubibus infuscatus, splendidior emicat.

## XLVIII. MATIÈRE.

*Sancho Pansa aux noces de Gammache.*

Quixotius et Pansa longum iter peregerant.
Jam media die fessos via fames premebat. Ergo
late prospiciens Sanchotides quærebat oculis
hospitium, quum subito planitiem circumcinc-
tam collibus conspiciunt. Ibi fumus passim de
focis surgebat, et turba cursitabat festinans. At
vix brevem clivum descenderant, agnoscunt co-
quos candidis vestibus, lautos et hilari facie ap-
parantes convivium. Relicto asino, Pansa acce-
dit et ollas circuit. Ubi cuidam propior stetit,
rogat uti panem ollæ breviter immergere copia
detur. At ille : «Nescis ergo divitem Gamma-
chium hodie uxorem ducere, et omnes in partem lætitiæ vocare? Ergo age, accipe has dapum
primitias.» Hæc dicens, gallinam ex olla cum
ansere retractam Pansæ porrexit. Noster cum
præda fugit sub arborem vicinam, et integrum
munus alvo demergit, mero proluens quod utre
inclusum coquus addiderat.

## XLIX. MATIÈRE.

*Réveil d'un camp Romain dans la Gaule.*

Primum sol illuxerat; dabat signum lituus;
jam miles fessum hesternis laboribus corpus e
strato corripuit. Ipse, excusso somno, mirabar
inter ignotas Galliæ silvas expergisci. Juvabat
primos hinnitus equorum et tubæ cantus audire,
et castra late silentia contemplari. Hinc miles
seminudus tentoriis egreditur; hinc centurio,
virgam manu vibrans, inter armorum fasces spa-
tiatur. Quoties, dum ipse, excubias agens per

noctem, ignes hinc inde fumantes procul in-
tueor, subiit imago patriæ! Quoties venit in
mentem me ab oris Arcadiæ abreptum sub alio
sole, et pro alienis penatibus militare! Interea
pastor barbarus arcis romanæ ruinis acclinis,
inflatum utrem brachio premens, securus laudis,
rudi cantu nascentem diem patriosque colles sa-
lutabat. Gaudebam raucum auribus melos accipere.

———————

### L. MATIÈRE.

*Chant des Parques à Tantale.*

Dum Tantalus æternum sub inferis haurit supplicium, Parcæ, Jovis jussu, pœnas augent male-
dictis, et ferale carmen ingeminant. « Quo cessit
primum decus, quum Jovis conviva, cœlesti
turbæ immixtus, sedebas ad mensam auream,
et deorum colloquio fruebaris? Demens qui
mortalem te oblitus, hospites sacrilega fraude
tentare ausus es! at cecidisti solio dejectus. Nunc
detrusus in sedes luridas, impii hospitii pœnas
luis, et fame crudelia convivia rependis. Necquidquam supplex nunc divos advocas quorum
numen lacessivisti. Scilicet illi mensis aureis ac-
cumbunt, et inexhausto nectare implent pocula;
æterna composti quiete, rident scelestorum supplicia. Juvat dolentium gemitus audire, fruuntur-
que pœnis tuis! »

———————

### LI. MATIÈRE.

*Les Epicuriens réfutent l'immortalité de l'ame.*

« Vain espoir! » (s'écriera le troupeau d'Epicure,
Et celui dont la main disséquant la nature,
Dans un coin du cerveau nouvellement décrit,

Fait penser la matière et végéter l'esprit. )
« Insensé! diront-ils, que trop d'orgueil abuse,
Regarde autour de toi : tout commence et tout
    s'use !
Tout marche vers un terme, et tout naît pour
    mourir;
Les cieux mêmes, les cieux commencent à pâlir !
Cet astre, dont le temps a caché la naissance,
Le soleil comme nous marche à sa décadence.
Et dans les cieux déserts, les mortels éperdus
Le chercheront un jour, et ne le verront plus !
Et l'homme, et l'homme seul, ô sublime folie!
Au fond de son tombeau croit retrouver la vie.
Et dans le tourbillon au néant emporté
Abattu par le temps rêve l'éternité! »

## LII. MATIÈRE.

### Origine de l'ordre Corinthien.

Accipe originem columnæ quam sibi vindicat
Corinthus. Non illam ratio, sed fortuna invenit.
Virgo Corinthia jam matura nuptiis, implicita
morbo decessit. Nutrix pocula quibus viva de-
lectabatur, calatho composita, summo in monumento collocavit, tegulamque super imposuit,
ne nocerent imbres. Forte calatho radix acanthi
suberat, quæ, dum circa vernum tempus folia ex-
plicat, involvit calathum, latera lambens. At cres-
centibus cauliculis obstitit tegula, et expressos
flecti coegit, et in se revolvi. Vidit Callimachus.
Placuit crescendi temeritas, columnamque surgere jussit gracilem, artus graciles imitatam
puellæ, et mollibus acanthi flexibus coronatam.
Sic ingenium viri admonuit casus, et novum arti
decus additum.

## LIII. MATIÈRE.

*Phocion enterré près de Mégare, et ses cendres rap-*
*portées plus tard à Athènes.*

Socratica nece postquam occubuisset Phocion,
plebs infensa vetuit ne corpus in Attico cremare‑
tur agro, neve quis Atheniensis ignem ad com‑
burendum daret. Edicto deterriti recesserunt
amici, damnatumque cadaver sine honore jace‑
bat, nisi mercenarius quidam homo, pro drach‑
mis aliquot operam locans, exsangues reliquias
ultra Eleusinam regionem evexisset, paratumque
rogum sumpto e proxima Megara igne incendis‑
set, imposito corpore. Adstabat forte nobilis
ex eadem urbe Megara matrona, cum famulis
muliebribus. Hic parvum et inanem tumulum
Phocioni condidit, litavitque solitis libamentis.
Quin e medio rogo discussis cineribus ossa viri
sedula legit, amictuque involvens, noctu extulit
domum; ibique sub foco defosso occultavit, ad‑
dita prece : « O dilecte focus, has tibi com‑
mitto viri boni reliquias; has servare velis pre‑
cor, quas olim sepulcro ipsius reddas, quum
resipuerint Athenienses. » Nec plura dixit la‑
crimans. Muliebrem pietatem non fefellit au‑
gurium. Phocioni sua olim dicata est in foro
Atheniensi statua, post exequias publice factas.

## LIV. MATIÈRE.

*Impositum palmæ ramis pueri cadaver Canadensis*
*mater alloquitur.*

In hac palma placide quiescas, o nate; spes
olim matris, nunc desiderium. Quotiescumque

ventus fragili sepulchro ingemiscet, ille etiam gemitus maternos auribus tuis afferet. Ergo te nunquam lascivientem in campis videbo, nec feras
in montibus agitantem, enitentemve in proceræ
ilicis cacumen! Nec te dignum patre tuo dicent
bellatores nostri : ergo orba vitam luctu infelicem traham, excipiamque voces dicentium :
« Istius mulieris filius ingloria morte occidit. »
Eadem in arbore palumbes nidum ædificabunt;
at mane novo solis jubar reliquias tuas colo-
rantis e cubili excitabit avem; te vero perpetuus
sopor urgebit.

Quum veniet pater meus puero, quem filia
pepererat, fausta precaturus, incedentem tre-
mulo gradu ad funeream arborem ducam. Eheu!
quid tunc eloquar! Ille quoque vultum lacrimis
implebit ; quiescit enim puer quem genui in
palmæ ramis quam ipse senili manu severat.

## LV. MATIÈRE.

*Post excidium Trojæ, una e captivis mulieribus suam
patriæque sortem deflet.*

O dulce Ilium, jam non una ex invictis urbibus vocaberis ; eductæ ad astra turres, quæ te
velut corona cinxerant, deformi in pulvere jacent. Valete, o mœnia, irrito deorum labore
ædificata.

Nox erat, et post festas dapes, hilaresque ti-
biarum concentus, perituræ urbis propugnato-
res sopor habebat, affixaque parietibus arma
quiescebant : quum subito exauditur ingens tumultus clamantium : « quando, o Græcorum filii,
diruta incensaque Troja, patrias urbes læti ovan-
tesque remeabitis? » Cætera meminisse horret
animus, sed suus est Lacænis quoque virginibus
dolor, plurimæque Arvigorum matres juxta na-

torum inanes tumulos cruento ungue vultus fœ-
davere!

---

## LVI. MATIÈRE.

*Splendidæ vestis potentia et commoda.*

( Satyra a Germanico auctore scripta. )

I puer, fer unguenta, cingula, vestem, et re-
liqua omnia quæ a Francia mittuntur. Quid juvat nocte dieque latinis græcisque libris pal-
lere? an, ut Verulamius Baco, semper egens
vivam? aut calamus digitos laceret? Satis jamdu-
dum cum Homero : nunc alias artes discam :
meliore via, diis gratiæ! ad honores ibo. Nunc
juvat capillos pectine ferroque calido disponere
et rite crispare : quod si calvus sum, emam cri-
nes. Myrrha imprimis et amomo perfundatur
caput meum. :« Oh! quæ coma, et quam dulce
odorans, susurrat populus. Ni fallimur, ipsa
sapientia in illa fronte sedet. O vir insignis
quæ te beata pepererunt sæcula! reditne aurea
ætas? » Primum igitur curetur coma, deinde
pileus. Parvus sit et nitens, quem facile brachium curvum contineat, et occurrente amico,
manus facile et rite ad terram demittat. Eat vir
doctus operto capite! nunquam, etiamsi pluat.
Serica sit vestis, colorata, suaveolens et aurea.
( Si brevis, more Gallico; si longa, anglico. )
Serica quoque veste induantur crura. Calcei sint
argento et gemmis instructi. Nil, puto, adden-
dum : nam scio manum lambere, pileum jactare,
curvare tergum, frontem tergere et brachia disponere. Didici quoque mellitos sermones a Francia, cui tantum debet Germania. Hæc omnibus
præstat linguæ suæ dulcedine, et qui haud hujus ignarus est, sapiens et doctus dicitur. Ete-
nimqui Lutetiæ capillos crispabant, aut culinæ

inserviebant, nunc divites Germaniam ingressi
sunt, patriosque mores hujus gentis deturbave-
runt. Puer, præbeas speculum; consulam huic
judici doctorum comiti. Ah! quis pallor in ore!
puer, malas purpura pinge. Jam satis: rubes-
cunt genæ. Omnia curavi : hæc est Minervæ facies, Apollini apta vestis. Lecticam affer,
Mæcenatem accedam. Videntes me, stupent
pueri, famulique, et humillime salutant. «Ave,
vir optime : te jamjam nunciabo domino meo.»
« Jucunde loqueris. Sed isto latet angulo vir bo-
nus quoque ac doctus : gemit et pauper est. Eum
forte juvabit dominus tuus; hunc priorem in-
ducas.» «Veniam des, vir optime; ille per totum
mensem frustra jam exspectavit; quis tam squa-
lido succurrat? ego nunquam : hic ergo rema-
neat.» At ego introco, vesti gratias agens. Arridet
mihi meus Mæcenas, tanquam docto et sapienti.
Tunc artibus meis utor, nunc moveo vestem ut
redoleat, nunc Gallice loquor; ridenti arrideo.
Bavium laudat? Bavium laudo. Ludit? applaudo;
et tandem expostulationibus meis favet. Hinc
redeo lætus, et sic illustris factus sum. Tantum
potuit splendida vestis, posteri!

### LVII. MATIÈRE.

*Æqualitas inter homines aureæ ætatis.*

Ah! si redire possit tempus quo pater, legum ære inscriptarum ignarus, cordi sponte ser-
viebat; quo et uxor et soboles officiis honestis
certabant, qualis ætas hominibus ad Euphra-
tem vel Tigrida contigit. Illic puerum, simul
ac de matre natum, gremio suscipiebat sine arte
puella, moxque matri reddebat lac præbenti.
Crescentis pueri genæ læto colore variabantur,
sicut in hortis ubi lilia rosis miscentur. Quum

deinde adoleverat, viribus et ingenio recto potens, apud vicinos agricolas exempla virtutis
inveniebat. Propinquos enim diligebant et cu-
rabant haud secus ac se ipsos. Nemini invide-
batur : et sicut per æthera sol lucem fundit omnibus, sic omnium omnibus usus erat communis.
Ibant liberi mortales ; nulli in agris limites.
Per valles et montes cum cantu currebant juvenes, nullum metuentes dominum, et a pue-
ritia scientes nefas esse quemquam lædere aut
deos contemnere. Simplices erant mores ; hospitii jura servantes, seipsos invicem tutaban-
tur homines. Aratri nescia tellus sponte præ-
bebat alimenta ; proximo flumine sitim sedabant
agricolæ, ac prope quietem in cespite capie-
bant, quam nulla rumpebat tuba. Talia ne-
bant sæcula Parcæ. Nulla tunc bella, nulla
odia, nulla ambitio.

## LVIII. MATIÈRE.

*Calendæ Maii.*

Maio adveniente, da coronas, puer ; sic voluit
antiquitas. Junge hederam violæ, myrthum li-
gustro, rosæ lilium. Indicis et Assyriis amomis
perfundatur caput meum. Spumet merum, me-
roque madeat mea corona cratere illapsa. Mortuo mihi nulla erunt pocula : nescit uvam infe-
rus. Quid, mortales, gaudia repellitis? fallite
diem ; mors venit inter jocos.

## LIX. MATIÈRE.

*Ad Cererem.*

Aspice, o Ceres, quos, semente peracta, cho-
ros tibi ducimus. Fac ne pluviis putrescant semi-

na, aut frigoribus pereant; neu steriles sint ave-
næ, aut noceant malæ herbæ messibus; neu ventis
aut grandine prostrentur segetes; neu aves aut
feræ grana diripiant. Sed agri bene reddant cre-
dita semina. Interim lac et mel cum vino fundan-
tur; circum segetes ter victima ducatur, et dein
immoletur. Nunc ista sufficient. Post messem,
alii venient honores, et caput rediment spiceæ
coronæ.

---

## LX. MATIÈRE.

### De paupertate.

Viris ac puellis odiosa paupertas, omnium malorum causa, te fures et mercatores mendaces,
et latrones, gens homicida, accusant. Tu do-
cuisti flammis circumdare urbes, et viros armare.
Bella moves quibus cadunt milites ab ignoto
hoste occisi. Ergo omnium periculorum, omnium vitæ humanæ malorum genitrix es, pes-
sima paupertas. Adde quod, bonis studiis no-
cens, virtutem ad cœlum e tenebris surgere im-
pedis. Talia de te loquuntur invidiosi, optima
paupertas. Scilicet hanc legem hominibus quondam dixerunt luxus et avaritia. Hinc cædes et
bellum; hinc fas et nefas per vitam eruperunt.
Felices primæ ætatis homines! leviter pauperta-
tem ferebant. Silvas habitabant arboribus ado-
perti. Agni vellere vestiebantur: nulla nebat sta-
mina virgo, nec olla ahena tingebatur lana.
Tunc facile vivebatur, tunc vix bene noverant
suos agros immetatos agricolæ. Paulatim subiit
amor divitiarum. Mox cœpit ager sepe includi
ac termino. Deinde fluvios cymba tentaverunt
navitæ, et mox per maria euntes, viam cœlo no-
tarunt. Nec modus erat, nec requies: in visceribus telluris perventum est, heu! quantis

cum malis ; aurum effoditur, coquuntur metalla :
hinc incudibus reboant oppida, et nummis im-
pletur arca. Hinc geminatæ messes et vindemiæ.
Hinc pauperes laboribus obruti, et luxui facta
via. Pauperum spoliis indutæ matronæ et puellæ,
cum gemmis et Tyriis vestimentis incederunt.
Pauperes nutriunt alios : nam nec arare, nec se-
rere, nec vitem cædere vellent divites ; et absque
pauperibus, deficerent vina et segetes. Nemo
musas coleret, parvo contentus : omnes divitiarum cupidine torquerentur. Salve, paupertas ;
tibi terræ munera sufficiunt. Tibi gemmæ et opes
pratis et arboribus nascuntur. Tibi frumentum
ministrat area verberata ; tu doces fruges tor-
rere et molere, et liba igne coquere. Præterea
Musæ tibi divina carmina dictant, regum mune-
ribus et totius mundi divitiis meliora. Sint alii
messibus et gemmis divites, suo auro palleant
avari, argento similes, et metuant omnes no-
cendi vias a natura opibus datas ; ego, dummodo
me amet cœli custos puer, non dubitem silvis
habitare, capellasque pascere. Divitiæ laboribus
circumveniuntur ; egestas secura est. Sancte puer,
nostris faveas carminibus, et Pieridum choris
adsis. Redi, prisca paupertas, et tecum animi
simplices et vigentes. Per totam vitam, miles ero
tuus.

---

## LXI. MATIÈRE.

*Danubius.*

Rheno origine contrarius, a monte Hercynio
oritur Danubius, et huc oblique ab Austro se
vertit, unde surgit Memnonis mater. Suevicos
et Noricos montes transgressus, Austriam alluit,
ubi vorticibus suis versans rates, Scyllæ et Cha-
rybdi similis, navigia devorat. Inde Pannonas

et Jazygas rigat Ister , mutato nomine. Præterea Mœsos et Triballos, multis fluviis auctus,
allabitur; et tandem, per septem ostia, mare,
sicut Nilus, ingreditur, mixtus isto ponto quo
exsulavit Ovidius.

———

# QUATRIÈME PARTIE.

## NARRATIONS LATINES.

### I. MATIÈRE.

Le Khalife Arouhn Al-Raschid avait proscrit Barmécide et sa famille ; le visir soustrait à la fureur de son maître, alla vivre dans les déserts de l'Arabie ; son fils, sauvé aussi par un esclave, fut élevé dans le palais sous un autre nom, et devint le confident et le ministre de son maître ; dévoré d'ambition, il conspire contre lui ; Barmécide, instruit par un des complices du danger que court Arouhn, accourt à Bagdad ; et, quoiqu'il apprenne de son ancien esclave que le visir est son fils, il va tout révéler à son maître. « Je suis Barmécide ; le ciel a trompé ta vengeance ; depuis vingt ans, je faisais des vœux pour ta mort. »

Il ajoutera qu'en apprenant son danger, il a frémi ; qu'il n'a vu que le grand homme, le soutien et l'honneur de l'Empire ; si autrefois son arrêt fut injuste, et la seule faute de son règne, il serait juste aujourd'hui. Son visir est le fils de Barmécide, et il aspire au trône de l'Orient. Mais Arouhn est généreux ; puisqu'il a long-temps pleuré son erreur, il ne punira pas le fils de celui qui l'a sauvé.

## II. MATIÈRE.

*Frater fratrem ignotum interficit.*

Fervente bello inter Pompeium et Sertorium, in uno e multis quæ tunc commissa sunt præliis, luctuosum adversa fortuna aliquid obtulit, quo homines a bellorum civilium acerbitate deterreri possint, si....., etc...

Miles quidam Pompeianus militem Sertorianum sibi in acie instantem cominus interimit, ac dum spoliat, fratrem germanum agnoscit. Quo viso, in questus erumpit, se ipsum, deos, ac civile bellum exsecratur, sociosque solantes, et excusantes facinus, arcet...

Mox prope castra fratrem transfert, atque opertum pretiosa veste rogo imponit : dein subjecta face, eodem gladio pectus suum transverberat, seque communibus flammis cremandum tradit.

## III. MATIÈRE.

*Dévouement de Sthénus.*

Dices Pompeium adversus Marianos bellum gerentem, vincendo Himeram venisse, eamque urbem Syllæ præcipue infensam obsedisse, et omnes jussisse cives, capta urbe, interfici.

Depinges terrorem Himerensium, quum se tanto exercitui impares brevi oppugnandos esse intelligerent.

Tum Sthenus, civitatis princeps, ad Pompeium in castra venit, et ab eo quæsivit cur tantam cædem pararet ; et Pompeio tantum respondenti : « Moriendum esse omnibus » fatetur se unum fuisse auctorem civitati suæ ut Syllæ bellum inferret ; itaque se solum puniendum esse.

Addes Pompeium, hac magnanimitate com-
motum, omnibus Himerensibus ignovisse.

---

## IV. MATIÈRE.

*Scipio Africanus accusatur coram populo.*

Hanc primum sententiam breviter explana-
bis, scilicet iniquissimum fatum illis plerumque
reservari qui maxima in patriam beneficia con-
tulerunt.

Tum narrabis Scipionem in jus a duobus tri-
bunis vocatum fuisse, quos tantum virum captæ
in bello Antiochano pecuniæ accusare non puduit. Die certo, fit omnium plurimus in foro con-
cursus.

Ecce autem reus incedit, subit ad rostra, et,
silentio facto, « Hoc die, inquit Annibalem
vici : itaque in Capitolium, diis immortalibus
gratias acturi, eamus. » Simul ad Capitolium
tendit.

---

## V. MATIÈRE.

*Mort du chevalier Bayard.*

Dices Terralium equitem, ictu lethali con-
fossum, ad arboris truncum a suis depositum
esse.

Depinges circum accurantes socios; loricam
detrahit unus, alter vulnus abstergit; ipse autem gladii crucem ori admovet, elatis ad cœlum
precibus.

Hic Borbonium ducem non sine commiserationis significatione accedentem, paucisque,
sed gravibus, verbis Terralium respondentem
induces.

Tum equitem novissimis christiani viri officiis

fungentem, animoque ac vultu placido animam
exspirantem exhibebis.

---

## VI. MATIÈRE.

*Narratur egregia Gozonii Rhodiensis equitis de im-*
*mani serpente victoria. Anno 1332.*

### PREMIÈRE PARTIE.

Ostendes insulam Rhodum jampridem ab immani dracone vastatam...

Depinges belluam istam infestissimam ; et
quanta clade agros desolatos, sparso undique
terrore, fecerit, describes; famemque jam instantem, nullo terram exercere audente.

Dices plures jam equites periisse, dum illam
debellare tentarent : quamobrem supremus ordinis magister edixerat, ne quis cum ea dimi-
caret...

Addes unum e Rhodiensibus equitibus, nomine Gozonium, ab edicto licet gravissimo non
deterritum fuisse, quin liberandæ insulæ consilium iniret.

### DEUXIÈME PARTIE.

Hujus perficiendi causa, Galliam profectus
est, et in provinciam Britanniam se recepit.

Ibi curavit belluæ imaginem e ligno aut spissa
charta ab artificibus effingi, servato imprimis
corporis colore ; tum duos canes validos feræ
ventrem (quippe illam hac corporis parte squam-
mis carere noverat) morsu petere edocuit, dum
ipse equo vectus, ictus ei impingere simularet...

Ubi canes satis ad hoc belli genus instructos
sensit eques, Rhodum reversus est, ac des-
tinato operi statim se accinxit, nullaque re
omissa, si qua susceptum consilium adjuvare

posset, tandem cum dracone certamen iniit, et
victor, non sine magno vitæ periculo, evasit....

Hanc fortissimi equitis cum bellua colluctationem fuse et apte describes, ita ut ad vivum
expressam videre legentes sibi videantur.

### TROISIÈME PARTIE.

Deping es magnam incolarum multitudinem,
vix audita hujus victoriæ fama, excuntem ut liberatorem exciperet, equitesque eum ad ædem
supremi ordinis magistri perducentes....

Tum eum induces severe et minaciter Gozonium ob contempta edicta increpantem, conjicientemque in vincula, et vix precibus eo adductum, ut illum ordinis insignibus spoliari satis
haberet....

Addes autem Gozonium non multo post in
gratiam cum supremo magistro rediisse, et ab
eo præclarissimis benevolentiæ testimoniis fuisse
decoratum.

### VII. MATIÈRE.

*Caleti obsidium.*

Narrabis Eduardum, nomine tertium, Angliæ regem, postquam urbem Caletum per undecim menses obsedisset, tandem ad id angustiarum adduxisse, ut Caletenses de reddendo
oppido pacisci cogerentur.

Dices iratum regem hanc legem victis imposuisse, ut sex inter principes urbis viros se pro
cæteris devoverent.

Depinges perculsos desperatosque hoc nuncio
Caletenses : tunc Eustachium a sancto Petro se
vitam pro suis traditurum esse declarantem : cujus exemplum statim sequuntur quinque alii,

pari fortitudine animi et in patriam caritate insignes.

Deinde in Anglorum castra eos induces : hic, compositis ad miserationem imaginibus, describes reginam ad conjugis genua provolutam, et multis precibus orantem, ut tantæ virtuti parceret ; quod tandem pervicit.

---

## VIII. MATIÈRE.

*Pipinus Leonem interficit.*

Dices Pipinum, quum regnare cœpisset, fuisse Gallorum primoribus, ob corporis brevitatem, despectui : eumdem aliquando adfuisse ludicro certamini, quo taurus cum leone pugnans exhibebatur ; sic autem evenisse, ut postquam diu luctatus fortissime esset leo, in taurum irrueret, jamque eum jugularet.

Quo viso, rex circumstantes hortatur, ut liberent feram ; sed illi, periculo territi, silent : tum Pipinus in arenam desilit, leonem gladio obtruncat ; deinde mirantes aulicos interrogat an dignus sit qui imperet.

---

## IX. MATIÈRE.

*Magistri verba de laboris tenore.*

Necessarius est ante omnia in labore tenor : nihil enim illo adolescentium genere pejus, qui modo in studium ruunt, modo in desidiam revolvuntur. Ubi eos legendi libido occupavit...., etc... At postquam æstus ille deferbuit..., etc...

Non quod suum juventuti ludum invideam... Ludant adolescentes, et quidem alacriter ; sed non minori ad laborem alacritate redeant.

Habet quidem assiduitas illa molestiæ nonnihil, optimi adolescentes, sed intuemini quantam rem petatis; simul attendite nullam in hominum societate conditionem labore immunem esse. Jam vero cogitate laudes, præmia:

## X. MATIÈRE.

*Numa rex a Romanis eligitur.*

Primum quæ, mortuo Romulo, de eligendo successore, orta fuerint jurgia, breviter memorabis.

Tum Numæ, in quem omnium convenerunt suffragia, indolem, mores, studia, non fuse, sed apte et concinne, describes.

Deinde induces legatos Numam, Curibus Sabinis degentem, adeuntes, declarantesque ipsum regem electum esse.

Hic dices illum, summam hanc potestatem, quam tantopere plerique homines exoptant, non nisi legatorum precibus victum, accepisse.

Pauca de universa omnium lætitia, et plurimo, qui factus est advenienti obvius, civium concursu, addere non inopportunum erit : sed eo præsertim spectabit narratio, ut hinc Numam imperium recusantem, illinc legatos orantes obsecrantesque ut accipere velit, videre et audire legentes sibi videantur.

## XI. MATIÈRE.

*Theodosii clementia.*

Narrabis Theodosium imperatorem legatos cum copiis Antiochiam misisse, qui seditionis pœnas repeterent, in qua ipsius et uxoris statuæ eversæ fuerant.

Hic breviter omnium consternationem describes ; qua permotus Flavianus episcopus , statuit, quamvis sæviret hiems, et jam ætate pro-
vectiori esset, iram imperatoris deprecaturus ,
proficisci.

Illius coram Theodosio introducti habitum
fuse depinges.

Recensebis præcipua, quibus eum ad flecten-
dum imperatorem usum fuisse, argumenta veri-
simile est.

Tunc dices venerandi episcopi verbis atque
habitu versum ad misericordiam, Theodosium
Antiochenis ignovisse ; et Flavianum, insperato
rei exitu lætissimum, statim Antiochiam nun-
cium præmisisse, qui animos desperatione frac-
tos levaret.

## XII. MATIÈRE.

*Guillelmus positum in filii capite malum dejicit telo.*

Jussit tyrannus : in caput pueri ponitur malum ; ipse stat immotus, virilem animum præ se
ferens.

Interea infelix pater telum nervo aptat ; sed
hæret dubius et vix compos sui. Suspensi intuentur circumstantes, et jussa crudelia tacite
exsecrantur : unus subridet amare Geslerius.

Tandem firmata manu Guillelmus telum jacit
et malum transverberat : irruentem statim filium
amens et prope exanimis, pectore excipit, et
diu amplexus tenet.

## XIII. MATIÈRE.

*Legatus quidam romanus ex Illyriorum manibus elap-*
*sus, curiam petit, trucidatos à Barbaris comites de-*
*nunciat, pœnasque in eos vehementi oratione deposcit.*

Illyrii, seu Liburni, sub extremis Alpium radicibus vivunt, inter Arsiam Titiumque flumen, longissime per totum Adriani maris littus effusi. Hi, regnante Teuta muliere, populationibus non contenti, licentiæ scelus addiderunt; legatos quippe romanos, ob ea quæ deliquerant, jure agentes, ne gladio quidem, sed ut victimas securi percutiunt; præfectos navium igne comburunt; idque, quo indignius foret, mulier imperabat. Itaque, Cnæo Fulvio Centumalo duce, late domantur : strictæ in principum colla secures legatorum Manibus litavere. (*Florus, lib.* 2, *cap.* 5.)

Finges unum e legatorum comitibus, qui cædem vix sospes effugerat, improvisum intrare curiam; tum dicere se non a legatis, sed a legatorum Manibus, missum, qui pœnas sceleris reposcat. Simul in medium projiciet cruentas vestes.

Vivide et apte ad movendos animos et affectus narrabit quomodo, dum nomine populi romani res ablatas legati jure repeterent, violati a reginæ satellitibus, demissique in carcerem, ac deinde ad supplicium traducti, jubente muliere, ad ferales aras, ritu horrendo, mactati fuerint.

Invocabit jura gentium abrupta, et proculcatam populi romani majestatem; Jovemque optimum, maximum, cujus auspiciis profecti erant, appellabit : finietque iterum clamando sceleris pœnas, justas inferias legatis fore.

## XIV. MATIÈRE.

*Franciscus Palensis Ludovicum undecimum invisit.*

Depinges confectum morbo, et metu mortis exagitatum, Ludovicum.

Tum Franciscum Palensem induces, cujus, ut primum conspexit, rex genua amplectitur.

Ille regem reprehendet quod Deo soli debitos honores, homini et quidem humillimo, red-

dat. Ultimam regi denunciabit necessitatem,
fortiter, sed non truci sermone.

Solatia offeret, primo humana : longam die-
rumque plenam rex vitam habuit; magna perfe-
cit; regiam potestatem auctam relinquet posteris.

Secundo divina : pietas, modo ille sincero
corde vereatur Deum magis, quam mortem ti-
meat, cœlum ipsi aperiet : ecclesia precibus Dei
clementiam conciliabit, et pœnitentia delicta regis redimentur.

Denique Franciscus Ludovicum hortabitur ut
animum præparet ad mortem, sicut magnum et
christianum regem decet.

---

### XV. MATIÈRE.

*Canis ab hero injuste occisus.*

Quum forte, quadam die, domo exire cogerentur Damon et uxor, filium adhuc infantem,
in cunis jacentem, sub canis custodia, reli-
querunt.

Confectis breviter negotiis, redeunt ad casu-
lam. At vix ingressi, eversas vident cunas, ca-
nemque juxta, ore cruentato fœdum.

Ira accensus pater, eum baculo interficit.
Tum revolutis cunabulis, spirantem invenit filium, et horridum serpentem, quem canis egregie pugnando occiderat.

---

### XVI. MATIÈRE.

*Nicolaus ad Syracusanos, ne Atheniensium ducem Ni-
ciam victum captumque necari jubeant.*

Pauca de Siciliensi expeditione et Syracusanorum victoria, eorumque in victos ira et ultio-
nis cupidine memorabis.

Tum simul Nicolaum loquentem induces.

Audientium animos sibi conciliabit profitendo Athenienses sibi odio esse; duos enim filios in acie occidisse; neque ullum misero parenti superesse solatium, præter patriæ decus et salutem.

Hic ostendet Niciæ necem primo, iniquam fore; quippe qui bello inferendo obstiterit.

Secundo, inutilem : Niciam enim, quantumvis fortis ac rei bellicæ peritus sit, unum hominem esse; nec existimandum, illo interfecto, Atheniensium opes fractas omnino fore.

Tertio, exitialem : quo furoris impetu postea dimicaturos cum Siculis, non modo Athenienses, at cæteros etiam populos, quum sciant nihil captis sperandum esse, violarique ab iis omnia belli jura.

Finiet obsecrando ut suæ ipsi saluti consulant, ac præsertim decori.

---

## XVII. MATIÈRE.

### *Mors Ciceronis.*

Primum de illo Octavium inter et Antonium Lepidumque constituto triumviratu nonnulla memorabis, et illam fœderis atrocitatem, quo isti, nullo amicitiæ aut consanguinitatis respectu, tot cives trucidandos pacti sunt, mutuæ societatis præmia.

Tum dices Tullium, postulante Antonio, necnon Octavio annuente, inter proscriptos numeratum fuisse.

Hic narrabis Ciceronem, qui tunc Tusculana in villa versabatur, hoc nuncio accepto, maritimam oram petiisse, navemque ad Asturam ascendisse; at, post nonnullas itineris brevissimi vices, et multam ineundi consilii fluctuationem, mox ad terram iterum appulisse, certum jam nullum mortis perfugium quærere.

Servi autem, quum scirent plena esse triumvirorum satellitibus loca, illum lectica efferre cœperunt; sed paulo post, conspectis sicariis, ad pugnam se accinxerunt: non autem passus est Tullius, et Popilio, interfectorum duci, cervicem obtulit.

Addes caput ejus et manus ad Antonium delatas fuisse, atque, illo jubente, Rostris affixas.

Hunc tanti viri exitum et temporum feritatem lugebis.

## XVIII. MATIÈRE.

*Comes Dunesius duci Bedfordo, qui per litteras ad defectionem pelliciebat, rescribit, negans se unquam regem patriamque proditurum.*

Causas Bedfordus afferebat, ut ille descisceret, nempe ingratam militiam atque tanto viro inhonestam sub rege qui deliciis et luxu difflueret, neque gratia amplecteretur quemquam nisi eos qui voluptatibus suis inservirent: certum Carolo exitium impendere, et potius fore Dunesio Henrici sexti amicitiam occupare beneficio; quam si necessitati olim se subjiceret.

Credit quidem Dunesius se aliqua virtute meruisse laudes quibus ipsum Bedfordus extulerit; simul quærit num consilium ejus cum his laudibus consentiat?

Non suum esse de rege judicare; neque se iis invidere quorum ambitus gratiam Caroli extorserit. Quos sibi honores, divitias, munera Bedfordus offerat, ea nunquam turpe transfugium pensatura.

Hortatur Bedfordum ut Carolum præclarioribus aggrediatur artibus; arma armis opponenda esse. Cæterum, quoniam iidem sunt, qui sibi, omnibus vere Gallis animi, suadet ut tentare cujusquam fidem frustra nolit.

Etiamsi infelicior esset, quam fingit eum, Carolus, tamen pro rege et patria ad extremum pugnare sibi decretum. Non desperatam esse Caroli fortunam; fortissimos viros pro illo stare. Brevi regem damna sua resarciturum; brevi convolaturos ad eum Gallos omnes, et Anglos sensuros esse quid Galli valeant, quum uti ingenio suo ipsis liceat.

———

## XIX. MATIÈRE.

*Philosophi Callistrati ad Domitianum epistola.*

Dicet proscriptiones, quibus olim lacerata est respublica, de integro sub Domitiano instaurari, nec minori quidem iniquitate, quamvis in parvam hominum partem nec honoribus, nec divitiis insignem, sæviatur.

Tum rogabit imperatorem ut liberis nimium verbis, quæ sola quidem philosophorum culpa est, indulgeat. Hominibus, quicumque sapientiæ studium profitentur, ex imperatorio edicto exsilium et mors impendent : itane igitur artes illæ optimæ, quæ humanam vitam excolunt, eo supplicio plectendæ sunt?

Addet latere quidem fortasse sub decoro philosophorum nomine quosdam præstigiatores, qui in insulsis et magicis artibus versentur : verum non decet communi interdicto et veram sapientiam et pseudosophiam puniri.

Supplicia ipsa in magos male adhibentur; vera sapientia pseudosophiam, quam timet, evertat imperator.

## XX. MATIÈRE.

### De *Alexandri somnio*.

Dices, exstincto Philippo, rerum potitum
Alexandrum, paterna tropæa in Thessalia, Ther-
mopylis, Cheronea, voluisse superare excidio
Persarum, subitoque militem arma accepisse,
ad Granicum, ad Euphraten, triumphatura.

Subjunges ea nocte, qua in Orientem classis
Macedonum profecta est, somnianti Alexandro
visum adesse senem ornatu pontificali, dicentem pergenti numen adfore Judæorum, cujus ea
consilia sunt, quæ rex putat sua, cujus mox jussa
leget in ipso Dei libro.

Addes Alexandrum somnii augurio credentem
vicisse apud Granicum, et, Dei immemorem, petiisse Hierosolymam, quum ex urbe egressus stat
coram rege Jaddus, quiescenti quondam Alexandro missus, qui regem ita alloquitur, ut
terreat imagine cursus jam præscripti, palma-
rumque segetis exstinctæ; Judæorumque templi
fores intrare jubet, ut ipse agnoscat in sancto
Dei libro prophetarum manu inscripta, quæ suæ
ipsorum fortitudini tribuunt homines.

## XXI. MATIÈRE.

### *Theseus pro suis se devovet.*

Dices adesse diem luctuosam qua Athenienses, pro occiso Androgeo jussi pœnas expen-
dere, septem juvenes puellasque totidem sor-
titi in Cretam a Minotauro devorandos mittere
solebant. Hic breviter universum civium dolorem describes... Tum stante urna fatali, et as-
sistentibus magistratibus ipsoque rege, osten-

des procedentem ad educenda nomina summum pontificem, vasto omnium silentio.

Addes unam tantum superesse sortem educendam, quum repente prosilit in medium Theseus, Ægei regis filius, seque in Cretam iturum, qui Athenienses iniquo liberet vectigali ultro pronunciat. Audaciam juvenis primum mirantur; mox plausu et laudibus extollunt. Hæret inter amorem patrium et ministerii regalis religionem suspensus Ægeus; fluctuantem amplectitur Theseus, navemque conscendit.

---

## XXII. MATIÈRE.

### *Marius in Minturnarum oppido.*

Primum Marii vitam tot vicibus jactatam rapide nec ideo nimis breviter describes.

Tum dices illum, quum belli adversus Mithridatem suscepti, cujus ipse auctor fuerat, provinciam obtinere non potuisset, Roma, dominante Sylla, profugisse, atque Ostiam profectum, ascendisse navem qua in Africam trajiceret; sed ventis adversis ad oram Campaniæ appellere coactum fuisse, ubi postquam in paludibus aliquandiu delituisset, ut sicariorum manus effugeret, detectus ad Minturnas ductus fuit, et in obscura domo inclusus, quo missus Cimber quidam miles, qui eum interficeret, tanti ducis aspectu conterritus, a cæde jussa refugit.

Luctuosam hanc Marii fortunam cum præteritis ejus victoriis et honoribus conferes.

---

## XXIII. MATIÈRE.

### *Cambysis exercitus pars arenis obruitur.*

Incedebat per Libyæ solitudines missus a Cam-

byse in Hammonios exercitus ( quinquaginta
fere hominum millia), quum tempestas exorta
est, et Libycis arenis omnes ad unum obruti
sunt.

Luctuosam illam calamitatem fuse narrabis ;
depinges surgentem ventum, et arenas vasto
turbine miscentem ; milites pulvere et tenebris
involutos, discursantes hinc et inde, frustraque
ex immani illa voragine emergere conantes, ac
paulo post consepultos.

# CINQUIÈME PARTIE.

## DISCOURS LATINS.

### I. MATIÈRE.

*Fabius Maximus ad populum romanum post Can-*
*nensem cladem.*

Incipiet objurgando nimium de clade accepta
dolorem. Addet non lugendo mala reparari;
suadebit ergo ne despondeant animos, quasi
omnino conclamata esset respublica.

Adjiciet superesse unum consulem, satis magnam partem exercitus, hostem aut propriis
damnis impeditum, aut belli parum peritum, qui
non continuo ad mœnia accesserit. Tunc afferet
majorum exemplum, sive Porsenæ temporibus,
sive Gallorum, sive Pyrrhi; ipsorumque Car-
thaginiensium priore bello.

Dicet e proximis cladibus non desperatio-
nem, sed spem majorem concipi debere, quum
exercitus, non propter ignaviam, sed propter
consulis temeritatem, profligatus fuerit.

Bonos successus ominabitur, modo quisque
strenui civis munia obeat et capessat rempublicam; modo egregios eligant imperatores.

### II. MATIÈRE.

*Tribunus plebis queritur apud populum quod propter*
*annuos magistratus bello semper infecto, discedere*
*cogantur ex provinciis romani duces, contenditque*

*e republica esse eorum imperium ita continuari ut feliciter susceptis bellis, præsertim quum in Græcia, tum in Macedonia, finem possint imponere.*

Profuit olim ita bellum geri adversus finitimos ; nunc mutata bella, mutata tempora.

Annuus imperator vix potest parare bellum. Imperator novus sufficitur, qui et ipse jubetur e provincia discedere, antequam hostem viderit. Vetabit quominus ambo Flaminini, alter e Græcia, alter ex Macedonia, domum, licet perfecto muneris tempore, redeant.

Revocabit in memoriam Galbam et Villium, revocatos Romam multo cum reipublicæ detrimento.

Concludet a prisco usu discedendum.

---

### III. MATIÈRE.

*Oratio Mexicani senioris cujusdam qua Montezumam in concilio imperiique proceres ab Hispanis in regnum accipiendis dehortatur.*

Arguet non juniorum modo sed et senum imprudentiam qui talia audeant principi suadere, summo cum regni periculo.

Errones enim adventare qui patria ejecti, quærunt regionem quam sceleribus contaminent et populentur.

Veterum vaticinia revocabit quæ monent cavendum ab Oriente.

Nec promissis credendum, nec minæ pertimescendæ.

Montezumam obtestabitur ne prompta nimis animi benignitate sibi et populis ruinam importet.

Postremo, Mexicanos ad arma, et ad solii patriæque defensionem revocabit.

## IV. MATIÈRE.

*Oratio Catuli contra legem Gabiniam.*

Dicet multum habere periculi rogationem illam quæ tantum imperii deferat Pompeio. ( Hic admonebit obiter Syllanæ et Marianæ tyrannidis. )

Pariter ad rempublicam et privatos pertinere, ne in uno omnis belli moles et omnis gloria versetur.

Nec jam opus esse magistratibus, si privati illorum vicibus fungantur.

Quod si bellum hoc extraordinarium imperium desideret, satius esse creare dictatorem semestrem, quam Pompeium per triennium summæ rerum præficere.

Optima ingenia, nimia plerumque potentia corrumpi; et, si nihil a Pompeio tunc temporis timendum, cavendum certe ab aliis in futurum. ( Pessimo semper exemplo violari leges. )

Quod ad præsens bellum attinet, quum unus homo tanto oneri sit impar, rem commodius gerendam, si duces populo romano, non Pompeio, pareant. (Hic summis laudibus Pompeium extollet; ipse adolescentis laudi cum omnibus favit, et etiam nunc favet..... Nimiam vero potestatem suspectam esse facile in libera civitate.) In invidiam adducet Gabinii audaciam et pessimas artes.

Ultimum argumentum petet ab ipso amore, quo Romani Pompeium prosequuntur. Non illum esse periculis omnibus temere objiciendum, ne acerbo fato intercipiatur summus ille vir.

## V. MATIÈRE.

*Oratio senatoris cujusdam , ne Mammertinis auxilia*
*mittantur, in senatu.*

Considerandum quid in posterum ex hoc con-
silio eventurum sit.

Revocabit quo loco sint res Romanorum : subacta tandem et vix pacata Italia, in discepta-
tionem venire an ulterius arma conferenda sint.
Id anceps ac periculosum esse contendet :

1°. Ab indecoro : quum Mammertini civitatem
alienam per vim occupaverint.

2°. A præsenti rerum statu : multæ nunc in
Italia regiones bellis diu vastatæ, victoris curam reposcunt. Urbs ipsa , permultis aucta civibus novis , legum et morum præsidiis eget.

3°. Ab ipsis quæ deinde nascantur necesse est
periculis.

Concludet : nolle se tantis calamitatibus initium facere.

## VI. MATIÈRE.

*Verba Pompeii ad Perpennam , quum ille Sertorii co-*
*dicillos Pompeio traderet.*

Indignabitur Sertorii percussorem eo impu-
dentiæ venisse, ut in conspectum Pompeii veni-
ret tanti ducis sanguine respersus.

Dolebit sortem ejus viri, quem luctuosa reipublicæ tempora et Syllanarum proscriptionum
indignitas magis quam affectandi imperii consilium ad capessenda adversus patriam arma im-
pulerunt.

Quoniam autem peremptus est ipse Serto-
rius, perimenda est simul omnis anteactarum
rerum memoria.

Tradat igitur Perpenna Sertorii codicillos qui omnes in ignem projiciantur ; at ipse proditor et percussor ducatur in carcerem, morte statim plectendus.

---

### VII. MATIÈRE.

*Oratio civis cujusdam romani qua reum affectandi regni traducit P. Valerium consulem postea cognomine Publicolam, quum in summa Velia ædificaret.*

Expulsi sunt quidem Tarquinii, sed non expulsa servitus. Absit ut existiment recuperatam esse solidam libertatem.

Imminet civitati nova tyrannis. Valerius in Velia ædificat ; non passus est collegam in locum Bruti subrogari.

Jubeant Valerium incœptam substructionem demoliri. Si renuat, jam pro reo habendus erit et plectendus.

---

### VIII. MATIÈRE.

*Oratio Demosthenis ad Thebanos, qua suadet ut Atheniensium amicitiam quam Philippi malint complecti.*

Dicet nunc demum patere omnibus Philippi consilia de opprimenda totius Græciæ libertate ; solitis etiam nunc artibus uti, quæ nimis feliciter illi antea cesserunt : scilicet Græcas civitates Græcorum ope debellare aggredi, dum mutuas simultates acuit, illos demum oppressurus quorum auxilio vicerit.

Si alieno tandem periculo sapere possint Thebani, et, repudiatis proditorum consiliis, vere rem æstimare velint, bellum jam ipsis admoveri, nec semel receptum Philippum facile excludi posse.

In hoc rerum articulo Atheniensium esse publicas simultates omnium saluti condonare. Itaque nunc paratos adesse cum navibus et armatis militibus, nullaque discrimina recusaturos, majorum exemplorum memores.

Quod ad Thebanos attinet, eligant utrum in hujus gloriæ partem venire, an Philippo servire, malint.

————

## IX. MATIÈRE.

*Oratio Octavii Cæsaris, qua in æde Bellonæ, quum solemnes bello sumendo cærimonias feciali jure peregisset, ita circumstantes allocutus est.*

Non jam civile instare bellum dicet, sed Barbarum; adeo Antonium in peregrinos ritus degenerasse, et, abdicata romani nominis indole, ad arbitrium Ægyptiacæ mulieris famulari!

Describet hominem vino et amore amentem, currum reginæ inter Eunuchos pedibus sequentem, aut acinaci cinctum, in aureo lecto, cum baculo aureo, diademate coronatum barbarico.

Addet non jam Ægyptum in jure ac mancipio Romanorum esse; sed Romanis in Ægyptum ablegatis mulierculam imperare utrum superbius, an dementius, incertum. Ægyptiæ romanos milites apparere! arma, pecuniam, classem penes eam esse, aut penes vilissima ejus mancipia!

Ne molem imperii ita distractam et divulsam ruere senatus populusque romanus patiantur. Obviam eundum esse imminenti malo. Navibus et bello domandum hunc Ægyptiacum furorem, ne Roma, neve Capitolium, obscœni pretium conjugii, ultro impetatur.

## X. MATIÈRE.

*Oratio vel epistola Pompeii ad Ptolomæum, quum in ejus regnum perfugium quæreret.*

1°. Comparabit breviter fortunam suam præsentem cum præterita.

2°. Revocabit in memoriam regis suum in patrem ejus beneficium, quem, regno pulsum, restituendum curaverat.

3°. Postulabit brevis perfugium temporis, quo naufragii sui reliquias colligere possit.

4°. Dicet semel ipsi defuisse fortunam; cæterum, superesse victo validissimam classem, socios reges, omnium vere Romanorum amicitiam.

5°. Promittet se beneficii, recuperata republica, memorem fore.

## XI. MATIÈRE.

*Oratio Annibalis ad senatum Carthaginiensem, quem a Scipione devictus pacem suadet.*

Postquam recensuerit ea quæ prospere gessit ex quo patriam reliquit, fatebitur se victum non prælio tantum, sed omni bello.

Itaque se suadere pacem; neque tamen odium in Romanos exuisse. Atque utinam nemo in senatu fuisset amicior Romanis!

Ostendet pacem necessariam esse, nullas suppetere copias, exhaustum ærarium.

Finiet dicendo sapientis esse gubernatoris quandoque procellæ cedere, atque etiam divitias et merces in mare projicere, si res poscat.

## XII. MATIÈRE.

*O atio Atiæ ad Octavium filium, quum ab Cæsaris hæreditate eum deterret.*

Ordietur dicendo, si in eo rerum statu positus esset, ut ex sola Cæsaris hæreditate petendum esset ipsi adversus egestatem auxilium, non tamen esse tanti divitias tam infestas et periculosas.....

Ostendet quanta civium odia in ipsum conciliatura sit hæreditas ejus hominis qui tot virorum principum gladiis confossus est. Odio esse nomen ipsum Cæsaris; bona illa quasi sanguine contaminata exitio fore. Hæc ab ipso repetituros tot cives quibus sunt erepta.

Admonebit nondum exstinctos omnes Pompeii amicos; vivere ejus filium; vivere Brutum et Cassium.

Suadebit uti se subtrahat gladiis. Orabit ne se jam et conjuge et avunculo orbatam novo etiam luctu conficiat.

## XIII. MATIÈRE.

Oratio Herculis qua objurgat socios diutius Lemni commorantes, et hortatur ut incœptum iter peragant, vel si relinquendus sit ipse Jason.

## XIV. MATIÈRE.

*Oratio Caroli Martelli, cum Saracenis pugnaturi, ad suos.*

Primo exprimet vivide qui sint hi Barbari, alienigenæ; quis sit eorum furor dum, proximis quibusque correptis Europæ regionibus, totam jam Europam affectant.

Dignum esse Gallis superbas detestandæ gentis minas contemnere.

Hunc esse diem, unde, si fortiter agatur, princeps Europæ populus Galli fiant (de quo magno elatoque animo disseret).

Vincere necessarium. Hic depinget quid turpe, quid crudele patiendum sit Christianis ab Infidis.

Finiet vehementissime crucem divinam velut unicum insigne Gallorum ostentando; Christum invocando; et victoriam pollicendo; ut nemini parcatur jubendo.

## XV. MATIÈRE.

*Oratio T. Q. Flaminini in senatu de Annibale repetendo.*

Dicet nullam sibi pacem satis firmam videri, nisi tradatur Annibal Romanis.

Depinget Annibalem degentem Carthagine, pudore et ira accensum; civium animos ad nova bella stimulantem.

Quam timendus sit ejusmodi hostis ostendet ab iis rebus quas olim Annibal concepit et exsecutus est.

Victum quidem fuisse, sed non domitum, imo cum hoste alio consilia communicare.

Qui si ad Antiochum pergat, tum sero vos pœnitebit... etc...

Itaque, nunc statim Annibalem vobis a Carthaginiensibus tradi exigite.

## XVI. MATIÈRE.

*Oratio unius e Macedonum ducibus, qua Alexandrum ab Oceani navigatione dehortatur.*

Incipiet extollendo laudibus Alexandri res gestas. Satisfactum esse gloriæ.

Etiamsi navigari posse constaret Oceanum, non tamen navigandum esse, quum nihil sit ultra. Consulendum enim militi tot victoriis lasso. Consulendum ipsi victoriæ et orbi quem subegit.

Non autem navigari posse Oceanum ; rem esse immensam, plenam terroris et tenebrarum. Ibi deficere naturam ; nec ipsos deos, quorum vestigiis insistit Alexander, quidquam ultra orbem quæsivisse.

(Oratio exsultabit grandibus sententiis, et lasciviet præsertim circa naturam Oceani, terribilem, obscuram, indeprehensam, infinitam).

---

## XVII. MATIÈRE.

*Oratio Appii cæci ad senatum de oblatis a Pyrrho conditionibus pacis deliberantem.*

Ab incommodo valetudinis exorsus, invectus est in fœda et ignava consilia.

Non se agnoscere Romanos jam illos adversus Alexandrum Macedonem verbis tam feroces.

Nunc illos reformidare Molossos et Chaonas, et Pyrrhum, romanum imperium affectantem !

Quantum animorum hanc pacem addituram devictis a se gentibus !

Meminerint potius fatorum et imperii, nec discedant a majorum institutis.

---

## XVIII. MATIÈRE.

*Oratio Pompeii de confecto Piratarum bello coram Romanis disserentis.*

Ordietur gratias agendo tum fortunæ populi romani, tum diis immortalibus, quod piratarum latrociniis belloque tam cito finem esse volueiint. Tandem libera esse maria, olim tam infesta.

De victis hostibus fuisse consulendum.

Illos quidem omnia supplicia meritos fuisse. Se tamen abhorruisse a sævitia, tanquam parum honesta vel civi vel reipublicæ, et a moribus suis aliena. Satis esse si piratæ non jam ultra nocere possint. Itaque certas illis sedes procul a mari fuisse constitutas.

## XIX. MATIÈRE.

*Oratio senatoris romani ne Syracusæ à Marcello captæ expilentur, earumque spolia Romam devehantur.*

Satis esse in ipsa victoria laudis et emolumenti, urbem autem expilare impium. Nefas enim deorum delubra etiam in captis urbibus refringere, suisque ornamentis exuere.

Iniquum domus ac tecta Syracusanorum exhaurire, quum ipsi fuerint vetustissimi reipublicæ socii ( hic revocabitur Hieronymus, et Hippocrates, et Épicydes, quos neci dederunt).

Indecorum autem ipsis Romanis; hic excitabit memoriam Hieronis.

Periculosum imo et nocivum. Esse e republica ut removeantur ea quæ, dum in sui contemplationem atque admirationem rapient Romanorum animos, eos græcarum artium contagione inficient, et virtutem pristinam deterent.

Finiet ut par erit.

## XX. MATIÈRE.

*Oratio Faliscorum et Capenatum, qua omnes Etruriæ populos orant ut opem ferant Veientibus.*

Exponent quo loco sint res Veientum; decimum jam annum urbem obsideri. Omnia infanda pertulisse.

Revocabit in memoriam Veientes cognatione conjunctos cum cæteris Etruscorum populis.

Tum in invidiam inducet Romanorum superbiam et avidam dominationem.

Esse e re Etruscorum non illos deseri, qui primi ad impetum belli sunt objecti, ne ipsi eodem incendio conflagrent.

---

## XXI. MATIÈRE.

*Oratio Lentuli Romanos ab emenda pace in Capitolio*
*dehortantis.*

Ingravescente in dies fame, frustraque ab ascensu rupis Tarpeiæ propulsatis Gallis, eæ factæ fuerant obsidionis angustiæ, ut de paciscendo cum hostibus mentio fieret ; quumque jactaretur eos non sine magna mercede obsidionem relicturos, tum rem indignatus Lentulus, in hanc orationem prorupit.

Interrogabit quidnam aliud spectaverint, quum se in Capitolinam arcem receperunt, nisi ut libertatem gloriamque populi romani intemeratam servarent ? Scilicet gravissimam imminere necessitatem ! at quæ gravior unquam fuit Romanis necessitas quam retinendæ gloriæ.

Addet spem omnem non periisse, reliquiis romanarum legionum apud Veios a Camillo relictis.

Erumpendum igitur viamque ad Camillum ferro faciendum : quod facile futurum sit inter Gallos pestilentia et obsidionis diuturnitate vexatos, et rem haud sane suspicantes.

Perorabit Jovem et Capitolinos deos invocando.

## XXII. MATIÈRE.

*Oratio Dionysii Junioris ad Corinthios in schola sua congregatos, primo die quo ludum Corinthi aperuit.*

Post exordium a rei novitate desumptum, dicet non ea sibi deesse quæ ad instituendam juventutem requiruntur.

1°. Disciplinis Græcis ab ipso Platone, philosophorum principe, imbutus est; artium omnium cultorem et patronum se præstitit.

2°. Illud imprimis juvenum mentibus defigendum est, omnia fortunæ bona caduca esse, solam vero doctrinam nullis casibus obnoxiam. Id autem non alienis tantum exemplis, sed suo confirmabit, docebitque simul quam sint hæc omnia contemnenda quæ vulgus miratur et appetit.

3°. Inter omnes Græciæ civitates Corinthum potissimum elegit, urbem divitiis et luxu diffluentem in qua plurimum interest adversus voluptatum illecebras saluberrimis præceptis juventutem instrui et præmuniri.

4°. Parentum sollicitudinibus occurret, eos hortando ut præjudicatam de se opinionem quanquam tyranno amoveant et amoliantur, paternam in liberos curam, paternum amorem pollicebitur.

## XXIII. MATIÈRE.

*Oratio et narratio de Tarentinis Pyrrhum contra Romanos accersentibus.*

Quum Romani, post oppressas a Tarentini naves, violatámque legatorum majestatem, pœnas essent bello repetituri, magna fuit Tarent

consternatio, utpote in urbe quæ luxu et molli-
tie difflueret. Placuit tandem Pyrrhum acciri ex
Epiro. Quod ubi decretum fuit, civis quidam,
nomine Meto, homo frugi, sumpta corona mar-
cida, et facula, more ebriorum, cum tibicina
theatrum intravit. Populus jussit, ut progressi
in medium canerent, ille voce, hæc tibia. Tunc
Meto cives laudavit, quod canendi et saltandi
copiam facerent quibuslibet; non enim fore amplius præsente Pyrrho : illum enim finem factu-
rum lasciviæ. Itaque ipsos recte nunc facere.
Plebs Metonem irrisum theatro ejecit, et ludis
indulsit.

---

## XXIV. MATIÈRE.

*Oratio M. Furii Camilli ad Cornelium Cossum dic-
tatorem pro Manlio reo.*

Fatebitur se cum Manlio inimicitias habuisse,
nec injuria fuisse offensum, quum, eo impellen-
te, fuerit e patria ejectus.

Addet se communis utilitatis non doloris sui
rationem habere, nec posse viri de patria bene
meriti inimicum esse. Hic exponet quod Manlius
bello Gallico gessit. Tum interrogabit an talem
virum in vincula conjici jusserit. Dicet metuendum esse ne a plebe liberetur, cui sit carissimus;
atque e carcere, in quem innocuus conjectus fuerit, erumpat impius.

Hortabitur ut moderate dictatoria potestate
utatur, nec sæviendo præcipitem agat ferocem
Manlii animum, detque plebi occasionem Patribus jure irascendi.

## XXV. MATIÈRE.

*Oratio unius e Phocensibus Alexandrum hortantis ut Thebas diruat.*

Gratulabitur Alexandro, tum in redeundo celeritatem qua quidem falsum de morte sua rumorem refutaverat; tum in expugnandis Thebis virtutem.

Tunc contendet Thebas esse diruendas; idque confirmabit:

1°. A pervicacia Thebanorum qui pacis conditiones aspernati sunt.

2°. A crudelitate; qua Phocenses, Platenses, cæterosque populos exsciderint, qui nunc de excidio eorum consuluntur.

3°. A voluntate totius Græciæ, cujus Thebani hostes sunt infensissimi : 1°. Quod Alexandro bellum Persis inferenti moram afferre voluerint; 2°. Quod antea Xerxi Persarum regi Græciam aperuerint.

Invidiam excitabit, veterum scelerum memoriam repetendo ex fabulis quibus Thebani scænas omnes impleverint.

Concludet dicendo omnium animos a defectione absterreri oportere, sæviendo in victos.

## XXVI. MATIÈRE.

*Oratio Thebani cujusdam Phocensi ei respondentis, qui ab Alexandro Thebas dirui oportere contendebat.*

Dicet aliquam spem affulsisse Thebanis, quod Alexander consultandi spatium sibi sumere voluerit.

Deinde adversarium in invidiam ducet, qui paruerit privatæ iræ.

Tunc eum refutabit.

1°. Thebani non in eo peccavere quod se fortiter defenderint.

2°. Ultra modum dicendo amplificatum esse quod victi a Thebanis hostes justo bello perpessi sint : perpessos enim quæ in omnibus bellis accidant.

Thebani noluerunt a belli apparatu avocare Alexandrum; sed vulgata ejus mortis fama in spem recuperandæ libertatis venerant.

Mirabitur quod Thebani impii appellati fuerint a Phocensibus, quos minime talia exprobrare deceat.

Respondebit argumentis quæ deprompsit adversarius ex fabulis poetarum.

Finiet regis animum ad misericordiam adducendo. Revocabit merita urbis quæ Herculem genuit, quæ Philippum Alexandri patrem educavit.

---

## XXVII. MATIÈRE.

*Oratio C. Graccli ad Quirites, quum primum ad rempublicam, post Tiberii fratris cædem, accederet.*

Incipiet dicendo se, si privatæ saluti consuleret, non ad rempublicam accedere debere, fratris cæde monitum. Verum eo ipso, quo fractum sibi animum fore crediderunt adversarii, impulsum se magis et incitatum.

Tunc invehetur in nobiles quorum depinget :

1°. Superbiam ; quum illi ad honores sola avorum commendatione grassentur, et cæteros cives tanquam sibi subditos contemnant.

2°. Avaritiam ; cui explendæ nullæ opes, nulla agrorum spatia satis sint ; unde fit ut plebeiis hominibus vix quidquam reliqui fecerint.

3°. Crudelitatem ; cujus in exemplum afferet

cruentam Tiberii fratris necem, quam in invidiam adducet commemoratione Capitolini et
sacrosanctæ tribunitiæ potestatis, et patrocinii
plebis quod susceperat.

Profitebitur se nihilo secius ad tuendam plebem omni tribunitiæ potestatis vi usurum.

Orabit vicissim ne plebs suo patrono desit.

Hic affectus movebit exponendo solitudinem
suam, et mærorem : « quo me vertam, Quirites? etc ».

---

## XXVIII. MATIÈRE.

*Oratio Artabani Dario fratri suadentis ne bellum
Scythis inferat.*

Injustum esse armis populum petere, a quo
nunquam sit læsus. Scytharum regionem longio-
ribus remotam intervallis; non fore virtuti locum cum hoste fugacissimo.

Exercitum in solitudinibus fame et siti exstin-
guendum, priusquam hostes assequatur.

In victoria parum utilitatis, in clade multum
damni et dedecoris.

---

## XXIX. MATIÈRE.

*Oratio Artabazis ad Darium, Nabarzane et Besso
præsentibus, ne cui fiduciariam regni possessionem
tradat.*

Primo petet a Nabarzane ut palam profiteatur
quid sibi velit : ignaviæ nimirum esse, verbis
fallacibus sententiam obtegere.

Tum declarabit sibi non dubium esse quin ille
cum Besso statuerit, rege tradito aut interfecto,
regnum occupare.

Deinde regem hortabitur ut exitiosa fœdaque
consilia respuat : negabit ita spem omnem ex-

cidisse, ut necesse sit ad Bactrianos confugere;
præsertim quum ejus regionis præfectus sit Bes-
sus.

Ostendet paratos esse Græcos milites, duce
Patrone, omnia pro rege tuendo facere ac pati;
omnibusque Persis, quamvis fortuna pertinaci-
ter urgeantur, constantiores calamitate ipsa animos esse.

Finiet profitendo sibi eumdem vitæ et fidei
futurum finem.

---

### XXX. MATIÈRE.

*Oratio Polonorum legatorum, Henricum Valesium, du-
cem Andegavensium, a Carolo fratre sibi regem
postulantium.*

Ordientur dicendo tot tamque præclaris virtu-
tum exemplis Galliam et præsertim regiam domum florere, ut cæteris gentibus admirationem
amoremque moveant. Non mirari e longinquo in-
tervallo voluisse Poloniam, sed et propius habere quod miraretur.

Subjungent non sine causa consilium se ejusmodi cepisse. Hic paucis extollent Henrici facta; duplicem nempe victoriam ea ætate relatam,
qua vix antiqui heroes arma tractare cœperant.

Postremo hortabuntur eum, ut veniat Polo-
nis imperaturus. Et, conversa ad Reginam Matrem oratione, illi gloriosissimam gratulabuntur
familiam.

---

### XXXI. MATIÈRE.

*Oratio Civilis ad suos.*

Batavus quidam, regia stirpe oriundus, nomine Civilis, falso rebellionis crimine, vinctus

Romam a Fonteio missus erat. Inde odium inex-
piabile in Romanos, vindictæque cupido. Quibus tamen dissimulatis, postquam diu in legio-
nibus militavisset, tandem nactus occasionem,
omnibus insciis, fugit ad suos. Tum, jussu Vi-
tellii, fiebat in Batavia delectus. Quod quum
Batavi ægre ferrent, nec non media in concione
in Civilem, velut in transfugam, inveherentur,
adest repente Civilis veste indutus romana, qui,
abscissa toga, clypeum ensemque Germanicum
arripiens,

Dicet se diu apud hostes vixisse, ut a Romanis artem disceret vincendi Romanos. Disciplina tantum valere eorum legiones; id se effec-
turum, ut non jam hac parte inferiores sint
Batavi.

Hortabitur ut delectum abnuant, belloque
persequantur ambitiosam avaramque gentem.
Nihil aliud in hibernis Romanorum, præter senes
invalidos, esse; ipsis vero peditum equitumque
robur: consanguineos Germanos qui nuper, cæso
Quinctilio Varo, jugum excusserunt; Gallias
idem cupientes; Romanos civilibus laborantes
discordiis, dum alii Vitellium, Vespasianum
alii foveant

Finiet ut par erit.

---

### XXXII. MATIÈRE.

*Oratio cujusdam ex Ptolomæi consiliariis, quum ille
rex Pompeium, qui se ejus fidei post Pharsalicam
aciem permiserat, interfici jussisset.*

1°. Mirabitur orator exordiendo, quod talis
vir, atque de Ptolomæo, insigniter meritus, ubi
hospitium habere debuisset, ibi paratam necem
sibi videat.

2°. Interrogabit quid tandem Pompeius com-

miserit. Quæ armis tuebatur, armis amisit : ea
Pompeii fraus omnis. Post cladem Pharsalicam,
ad Ptolomæum confugit, eique suas spes omnes
adversus vim potentiamque commendavit. Quid
in hoc reprehendi potest? Si Ptolomæus Pompeium hoc modo habebit, ingrati animi notam
nomini suo inuret, simultates multas in se conci-
tabit, ipsamque iram victoris movebit.

3°. Concludet Ptolomæum precando ut neces-
sitate hostem, voluntate tamen amicum, exci-
piat benignius Pompeium, et ab omni periculo
liberatum servet.

## XXXIII. MATIÈRE.

*Oratio Themistoclis ad Artaxerxem exercitui præ-
esse recusantis, quem ille rex adversus Græciam
comparaverat.*

Paucis recensebit præcipua regis beneficia,
quorum immemorem eum nulla dies arguet.

Paratus est regis exercitum in quaslibet orbis
partes ducere, ut eas Persico imperio adjiciat;
sed omnia potius infanda patietur, quam bellum impium Atheniensibus inferat. Caritas erga
patriam, optimo cuique civi ingenita, nullis patriæ injuriis exstingui potest.

Id regi denegando quod a se postulat, illius
beneficiis digniorem se præstabit.

## XXXIV. MATIÈRE.

*Oratio cujusdam e præfectis ad Almohadinum, ne di-
vus Ludovicus bello captus fœde interficiatur.*

Ostendet :

1°. Quam iniquum, imo quam absurdum foret geri bellum cum Gallis quasi cum latronibus,
quos ad internecionem fas sit persequi.....

2°. Quam indecorum talem tamque inclitam victoriam fœdari crudelitate et imprimis Ludovici morte.

3°. Metuendum non esse ne Galli tristissima clade affecti bellum, si iis parcatur, renovent; imo eam esse Ludovici fidem ut pacta fœdera colat impensissime. Majus contra fore periculum Gallorum rege interfecto, quam liberato.....

Suadent igitur et humanitas et jus gentium, et gloria, ut sinat Ægyptiorum princeps Gallos et Gallorum regem in patriam suam liberos et incolumes remigrare.

---

## XXXV. MATIÈRE.

*Oratio puellæ Aurelianensis, quum, morte damnata, rogum conscendit.*

1°. Anglis per ironiam fortitudinem istam gratulabitur, qua puellam bello captam morte afficiant contra jus gentium legesque.

2°. Tum in eos invidiam movebit; quippe quæ ipsa plurimos ex illorum gente captos dimiserit.

Eos dicet frustra velle nomini suo labem inurere turpi supplicio; se nullum admisisse scelus, nisi quod eos vicerit; aliterque posteras ætates de se judicaturas.

Prædicet illorum res semper in pejus ruituras, eosque ex Gallia demum expellendos.

Tum ad Gallos, Anglorum socios, oratione conversa, eos objurgabit acriter quod in regem legitimum, in Galliam pugnent, eisque mortem suam condonabit.

## XXXVI. MATIÈRE.

*Oratio magistratus cujusdam Atheniensis ad suos, fu-*
*nus stirpemque Aristidis civibus commendantis.*

1°. Ordietur revocando Aristidis merita in
rempublicam, mortuique desiderium hinc in
animis civium excitabit, ostendendo quam egre-
gium civem amiserint.

2°. Tum cæteras laudes cumulabit, exponendo
quanta in paupertate tantus vir mortuus sit;
deesse vel ad sepulturam sumptus; duas superesse filias, quibus nihil opis supersit. Hanc pri-
vatam Aristidis egestatem extollet, opposito
splendore quem publicis rebus attulerit.

3°. Hortabitur Athenienses ut tantæ virtuti
saltem post mortem referant gratiam, nec jace-
re sine honore Aristidis corpus, aut ejus proge-
niem vivere infelicem patiantur.

FIN.

* 6

# TABLE

## DES MATIÈRES

### CONTENUES DANS CE VOLUME.

———

## PREMIÈRE PARTIE.

### VERSIONS LATINES.

# DEUXIÈME PARTIE.

## THÈMES.

# TROISIÈME PARTIE.

## VERS LATINS.

# QUATRIÈME PARTIE.

## NARRATIONS LATINES.

## CINQUIÈME PARTIE.

### DISCOURS LATINS.

FIN DE LA TABLE.

www.ingramcontent.com/pod-product-compliance
Lightning Source LLC
Chambersburg PA
CBHW071800090426
42737CB00012B/1891